Primer plano 1

Libro del alumno

VIDA PROFESIONAL

María Ángeles Palomino

edelsa
GRUPO DIDASCALIA, S.A.
Plaza Ciudad de Salta, 3 - 28043 MADRID - (ESPAÑA)
TEL.: (34) 914.165.511 - FAX: (34) 914.165.411

Primera edición: 2000
Primera reimpresión: 2002

Dirección y coordinación editorial: Departamento de Edición de Edelsa.
Diseño de cubierta: Departamento de Imagen de Edelsa.
Diseño y maquetación de interior: Dolors Albareda.

Fotomecánica e Imprenta: TALLERES GRAFICOS PEÑALARA, S.A.

ISBN: 84.7711.361.0
Depósito legal: M-20427-2002

Fuentes, créditos y agradecimientos

Grabación de vídeo: Producciones Escosura.
Imágenes del vídeo: págs. 7, 16, 18, 19, 28, 30, 31, 40, 42, 43, 52, 54, 55, 64, 66, 67, 76, 78, 79, 88, 90, 91, 100, 102, 103.

Fotografías:
Cenpla: pág. 11. María Sodore: pág. 96. Seridec: págs. 21, 24, 37, 49, 69, 76, 95, 100, 108.

Ilustraciones:
Marina Seoane: págs. 7, 8, 9, 10, 13, 14, 15, 20, 21, 22, 23, 25, 26, 32, 33, 34, 35, 36, 38, 44, 45, 46, 47, 56, 59, 61, 62, 68, 70, 71, 73, 74, 80, 81, 82, 84, 85, 86, 93, 94, 97, 98, 104, 106, 109, 110.

Páginas de Internet:
Telefónica: pág. 39. Lettera: pág. 51. Metro de Madrid: pág. 63. Universidad de Valencia: pág. 75. El Corte Inglés: pág. 87. Iberia: pág. 99. RENFE: pág. 99. Tourespain: pág. 111.

Reproducción de documentos:
Metro de Madrid: págs. 52, 53, 60. RENFE: págs. 88, 89.

Notas:
- La editorial Edelsa ha solicitado los permisos de reproducción correspondientes y da las gracias a quienes han prestado su colaboración.
- Las imágenes y documentos no consignados más arriba pertenecen al Archivo y al Departamento de Imagen de Edelsa.

PRIMER PLANO es un curso de español para extranjeros diseñado para un aprendizaje rápido y basado en situaciones reales de comunicación grabadas en vídeo. Está dividido en dos volúmenes:

- **PRIMER PLANO 1** (Vida profesional): dirigido a estudiantes principiantes.
- **PRIMER PLANO 2** (Vida cotidiana): para estudiantes con conocimientos básicos.

El 1 consta de un **episodio introductorio** y de **ocho episodios temáticos** estructurados en los siguientes apartados:

• Una doble página de introducción al tema con ejercicios de preparación para la comprensión de la secuencia de vídeo.

• Prácticas del vídeo	- *¿Ha comprendido bien?:* preguntas de comprensión. - *Secuencias:* actividad para la organización discursiva del texto del vídeo. - *¡A escena!:* resumen de los exponentes funcionales básicos presentados, que se practican con un juego de rol muy breve de aplicación.
• Encuadre gramatical	Dos dobles páginas de presentación y sistematización de la gramática a través de una amplia selección de ejercicios motivadores de muy variada tipología.
• El acento en la palabra	Apartado para el aprendizaje de las normas de pronunciación y acentuación de la lengua española.
• Se rueda	Prácticas de la situación comunicativa presentada en el vídeo. Consolidación de los aspectos funcionales y gramaticales del episodio a partir de actividades de interacción destinadas a potenciar la autonomía de los estudiantes.
• Aprendiendo el guión	Revisión y ampliación de las estructuras funcionales y del léxico del episodio.
• Tareas en Internet	Explotación a partir de documentos reales de páginas de Internet para profundizar en el contenido temático y cultural.

Los materiales complementarios son:
un vídeo, que es el elemento básico para el desarrollo de los episodios; material audio (casetes y CD) con la totalidad de las transcripciones; Cuaderno de ejercicios; Libro del profesor; y un CD-Rom que recoge todas las secciones del libro e incluye más ejercicios prácticos encaminados a un aprendizaje individual.

1 **Escuche.**

¡Hola!
Me llamo Javier Tostado García.
Tengo treinta y seis años.
Estoy soltero.
Soy español.
Vivo en Barcelona.
Soy director de la agencia de
publicidad K-OS-2000.

←Barcelona

K-OS-2000

Javier Tostado García
Director

C/ Rosselló, 55. 08029 Barcelona
Tel.: 93 410 52 08. Fax: 93 410 55 11 e-mail: jtostado@k-os.com

2 **Observe.**

SALUDAR

+ formal	• (Hola), buenos días.	◆ *Buenos días.*
	• (Hola), buenas tardes.	◆ *Buenas tardes.*
	• Buenas noches.	◆ *Buenas noches.*
– formal	• ¡Hola!	◆ *¡Hola!*
	• Hola, ¿qué tal?	◆ *Hola.*

DATOS PERSONALES

El nombre	+ formal	• ¿**Cómo** se llama?	◆ *Me llamo Javier Tostado García.*
	– formal	• ¿**Cómo** te llamas?	(Javier es el **nombre**. Tostado y García son los **apellidos.**)
La edad	+ formal	• ¿**Cuántos** años tiene?	◆ *(Tengo) treinta y seis (años).*
	– formal	• ¿**Cuántos** años tienes?	
El estado civil	+ formal	• ¿Está casado?	◆ *No, estoy soltero.*
	– formal	• ¿Estás casado?	
La nacionalidad	+ formal	• ¿**De dónde** es?	◆ *Soy español.*
	– formal	• ¿**De dónde** eres?	
El domicilio	+ formal	• ¿**Dónde** vive?	◆ *Vivo en Barcelona.*
	– formal	• ¿**Dónde** vives?	
La profesión		• ¿**Qué** hace?	
	+ formal	• ¿**Qué** haces?	◆ *Soy director de una agencia de publicidad.*
	– formal	• ¿**A qué** se dedica?	
		• ¿**A qué** te dedicas?	

3 Escriba las preguntas.

¿Cuántos años tiene?

¿Cómo se llama?

¿Dónde vive?

¿Qué hace?

¿Cómo se llama?

Raúl Beltrán.

¿........................? Raúl Beltrán.

¿........................? Tengo treinta y tres (33) años.

¿........................? Vivo en Salamanca.

¿........................? Soy informático.

4 Relacione y escriba respuestas para cada pregunta.

• en Roma.

• de Málaga.

• veintiocho (28) años.

Soy

Tengo

Vivo

• profesora.

• de Barcelona.

• treinta y cinco (35) años.

• en Alicante.

• empleado de banco.

¿Cuántos años tiene?
Tengo veintiocho años.
....

¿De dónde es?
....
....

¿Dónde vive?
....
....

¿Qué hace?
....
....

5 Hable con tres compañeros y complete las fichas.

¿Cómo se dice "29" en español?

Nombre:	Nombre:	Nombre:
Edad:	Edad:	Edad:
Domicilio:	Domicilio:	Domicilio:
Profesión:	Profesión:	Profesión:

¿Cómo se escribe?

¿Qué significa "viaje"?

6 Escuche y complete la ficha.

Nombre:
Edad:
Domicilio:
Profesión:

1 Escuche y lea.

El alfabeto español tiene 29 letras.

EL ALFABETO

A	a	(a)	**A**licia
B	b	(be)	**B**lanca
C	c	(ce)	**C**armen, **C**ecilia
CH	ch	(che)	**Ch**aro
D	d	(de)	**D**omingo
E	e	(e)	**E**lena
F	f	(efe)	**F**elipe
G	g	(ge)	**G**abriel, **G**uillermo, **G**ema, Vir**g**inia
H	h	(hache)	**H**ugo
I	i	(i)	**I**nés
J	j	(jota)	**J**ulia
K	k	(ka)	I**z**askun
L	l	(ele)	**L**ola
LL	ll	(elle)	Estre**ll**a
M	m	(eme)	**M**atilde
N	n	(ene)	**N**icolás
Ñ	ñ	(eñe)	Bego**ñ**a
O	o	(o)	**O**lga
P	p	(pe)	**P**enélope
Q	q	(cu)	Ra**q**uel, Joa**q**uín
R	r	(erre)	**R**icardo, Ma**r**cos, Montse**rr**at, Sa**r**a
S	s	(ese)	**S**usana
T	t	(te)	**T**omás
U	u	(u)	L**u**is
V	v	(uve)	**V**ioleta
W	w	(uve doble)	**O**swaldo
X	x	(equis)	Má**x**imo
Y	y	(i griega)	**Y**olanda
Z	z	(zeta)	Loren**z**o

2 Escuche de nuevo y repita.

3 ¿Cómo se escribe? Escuche y escriba.

Sevilla ....

....

4

Estudiante A	Estudiante B
Deletree estos nombres a su compañero/a.	**Escuche a su compañero/a y escriba los nombres.**
Blanca Juan Concha Sergio Iñaki Pilar Javier	**Ahora, deletree estos nombres a su compañero/a.**
Ahora, escuche a su compañero/a y escriba los nombres.	Félix Celia Francisco Amaya Koldo Laura Ignacio

5 **Escuche la pronunciación de estos nombres de ciudades de España e Hispanoamérica.**

v b	/b/	Oviedo La Habana	c + a,o,u qu + e,i	/k/	**C**aracas **C**órdoba **Qu**ito Ante**qu**era	c + e,i z + a,o,u z (final)	/θ/	Alba**c**ete Mur**c**ia Po**z**uelo La Pa**z**
g + a,o,u g + ue,ui	/g/	**G**alicia Bo**g**otá **G**uernica A**g**uilar	g + e,i j + vocal	/x/	Ar**g**entina **G**ibraltar Bada**j**oz Tru**j**illo	ll y	/y/	Se**vi**lla Calata**y**ud
r	/r/	Mad**r**id O**r**ense	**R** (inicial) **r** (final de sílaba) **rr**	/r̄/	Costa **R**ica Bu**r**gos Ta**rr**agona			

> La **ll** y la **y** tienen sonidos distintos, pero en muchos sitios se pronuncian igual.

6 **Pronuncie estos nombres de ciudades. Luego escuche y compruebe.**

Granada   Valladolid   Melilla   Montevideo   Tegucigalpa   Guadalajara San Salvador   Zaragoza   Soria   Segovia   Pontevedra   Veracruz

7

Estudiante A	Estudiante B
Lea estos nombres de ciudades a su compañero/a.	**Escuche a su compañero/a y escriba los nombres de ciudades.**
Zamora Ciudad Real Segovia San Miguel Rosario La Coruña	**Ahora, lea estos nombres de ciudades a su compañero/a.**
Ahora, escuche a su compañero/a y escriba los nombres de ciudades.	Vitoria Santiago Salamanca Managua Cartagena Trujillo

> ¿Cómo se escribe, con **b** o con **v**?

PANORAMA HISPÁNICO lengua

Observe y complete.

LOS NUMERALES

veinticuatro	veinticinco	setenta	veintiocho	dieciocho	diecisiete
cincuenta	veintinueve	diecinueve	treinta y tres		veintisiete
		treinta y dos	veintiuno		

0	cero	10	diez	20	veinte	30	treinta
1	uno	11	once	21	....	31	treinta y uno
2	dos	12	doce	22	veintidós	32	....
3	tres	13	trece	23	veintitrés	33	....
4	cuatro	14	catorce	24	....	40	cuarenta
5	cinco	15	quince	25	....	50	....
6	seis	16	dieciséis	26	veintiséis	60	sesenta
7	siete	17	....	27	....	70	....
8	ocho	18	....	28	....	80	ochenta
9	nueve	19	....	29	....	90	noventa
						100	cien

 Escuche y compruebe.

 Escuche y elija.

a.	2	12	**d.**	48	58	**g.**	13	3	**j.**	20	30
b.	8	18	**e.**	61	71	**h.**	45	54	**k.**	33	53
c.	25	35	**f.**	86	96	**i.**	14	40	**l.**	9	90

Estudiante A

Lea estos números a su compañero/a.

cuarenta y cinco	treinta y nueve
noventa y dos	setenta y tres
ochenta y cuatro	diecinueve
veintiocho	noventa y uno

Ahora, escuche a su compañero/a y rodee los números.

19	62	15	4	65	80
98	14	24	43	72	39
90	55	82	88	34	26

Estudiante B

Escuche a su compañero/a y rodee los números.

63	39	45	91	92	84
29	28	71	19	73	65
94	9	72	18	88	7

Ahora, lea estos números a su compañero/a.

catorce	cincuenta y cinco
sesenta y dos	noventa
diecinueve	ochenta y ocho
cuarenta y tres	quince

Más despacio, por favor.

 Escuche y escriba los números.

1. ......*29*......   3. ....   5. ....

2. ....   4. ....   6. ....

 **Observe.**

EL PRESENTE DE INDICATIVO

	LLAMARSE	TRABAJAR	VIVIR	TENER	SER	HACER
(Yo)	me llamo	trabajo	vivo	tengo	soy	hago
(Tú)	te llamas	trabajas	vives	tienes	eres	haces
(Usted)	se llama	trabaja	vive	tiene	es	hace
(Él/Ella)	se llama	trabaja	vive	tiene	es	hace

14 **Presente a cada persona.**

Marta Ruiz
Sevilla / 29 años
Secretaria / Empresa
3

Juan Toledo
Barcelona / 19 años
Camarero / Bar
1
2

4
Jesús Merino
Pamplona / 33 años
Profesor / Instituto

Felisa Robles
Madrid / 22 años
Enfermera / Hospital

Fotos cedidas por Cenpla

Se llama Felisa Robles. Vive en Madrid. Tiene veintidós años.
Es enfermera y trabaja en un hospital.

15 **Complete las conversaciones.**

Felisa: Hola, soy Felisa, ¿y tú, quién
eres ....?

Juan: .... Juan.

Marta: ¿A qué te ....?
Felisa: .... enfermera,
.... en un hospital
¿Y tú?
Marta: Soy ....,
trabajo en una ....

Marta: Buenos días, ¿cómo se
......................?
Jesús: Jesús Merino.
Marta: ¿Y dónde ....?
Jesús: .... en Pamplona.

Marta: ¿Qué ....?,
¿estudias o ....?
Juan: .... en un bar,
.... camarero.

1 Escuche.

IMANSA

El nombre de la empresa

El nombre de la persona

Fernando Lozano Moreno
Director

El cargo

El código postal

c/. Princesa, 6, 3° A. 28008 Madrid
Tel.: 91 258 47 93
Fax: 91 258 74 74
e-mail: imansa@lozano.es

El número de teléfono y fax

La dirección

La dirección de correo electrónico

[c/ (calle), Avenida, Paseo, Plaza + nombre] + [número] + [piso + letra de la puerta]

2 Relacione.

1. ¿Dónde trabaja el señor Lozano Moreno?   **a.** Es director.

2. ¿A qué se dedica?   **b.** 91 258 47 93.

3. ¿En qué ciudad está IMANSA?   **c.** En IMANSA.

4. ¿Cuál es la dirección?   **d.** En Madrid.

5. ¿Cuál es el teléfono?   **e.** Calle Princesa número 6.

Lea estas tarjetas.

e-mail se dice "correo electrónico" y @, "arroba".

MF Abogados

Luis Miguel Fernández Arroyo
Abogado

Serrano, 15
28005 Madrid
Tel.: 91 442 36 00
Fax: 91 442 36 23
e-mail: fernandez@MF.es

Ediciones Catalanas

Francisco Campos Andreu
Editor

Tel.: 93 222 88 14. Fax: 93 222 09 90. e-mail: FBA@free.es
Gracia, 25. 08004 Barcelona

A ñ Z
Traducciones Lextrans

Elisa Palacios Rodríguez
Traductora

Alonso Cortés, 64. 01008 Vitoria
Tel.: 945 33 55 00. Fax: 945 33 50 51
palacios@wanadoo.es

¿Quién es?

a. • ¿Usted dónde trabaja?
   ◆ En Barcelona.
     Francisco Campos.

b. • ¿A qué se dedica?
   ◆ Soy traductora.

c. • ¿Cuál es su teléfono?
   ◆ 91 442 36 00.
   • Gracias.

d. • Usted es de Barcelona, ¿no?
   ◆ Sí, pero trabajo en Vitoria.

e. • ¿Dónde está su empresa?
   ◆ En Barcelona.

f. • ¿Trabaja en una editorial?
   ◆ Sí, soy editor.

g. • Su dirección es Gracia, 55, ¿no?
   ◆ No, no... 25; Gracia, 25.

h. • ¿Tiene correo electrónico?
   ◆ Sí, FBA@free.es.
   • Gracias.

i. • Trabajo en una agencia de traducciones.
   ◆ Ah... ¡qué interesante!

j. • ¿Me dice su dirección, por favor?
   ◆ ¡Cómo no! Serrano, 15.
   • Gracias.

 Hable con su compañero/a y complete su tarjeta de trabajo.

 Ahora, presente la empresa de su compañero/a al resto de la clase.

1 Sitúe en el mapa el nombre de los países hispanoamericanos que faltan.

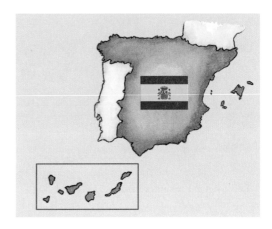

HONDURAS

REPÚBLICA DOMINICANA

PANAMÁ

NICARAGUA

COSTA RICA

ECUADOR

BOLIVIA

PARAGUAY

Océano Atlántico

Océano Pacífico

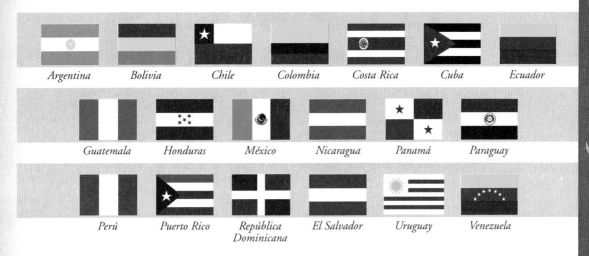

Argentina　Bolivia　Chile　Colombia　Costa Rica　Cuba　Ecuador

Guatemala　Honduras　México　Nicaragua　Panamá　Paraguay

Perú　Puerto Rico　República Dominicana　El Salvador　Uruguay　Venezuela

2 **Complete. Luego relacione cada nacionalidad con el país correspondiente.**

a. México	**1.** argentino	....
b. Perú	**2.**	italiana
c. Argentina	**3.** peruano	....
d. Chile	**4.**	colombiana
e. Brasil	**5.** chileno	....
f. Italia	**6.** *mexicano*	mexicana
g. Bolivia	**7.** griego	....
h. Uruguay	**8.**	brasileña
i. Colombia	**9.** boliviano	....
j. Grecia	**10.**	uruguaya
k. Portugal	**11.** francés	*francesa*
l. Irlanda	**12.**	alemana
m. Holanda	**13.** portugués	....
n. España	**14.**	japonesa
o. Japón	**15.** holandés	....
p. Francia	**16.**	irlandesa
q. Alemania	**17.** español	....

3 **Encuentren cinco nombres relacionados con países del mapa.**
La clase adivina a qué países corresponden.

Flamenco.

España.

PANORAMA HISPÁNICO
cultura

LLEGANDO AL HOTEL

El recepcionista

La tarjeta de crédito

La llave

Entrando en materia

Relacione.

1. ¿Dónde está el señor Tostado?
2. ¿Cómo se llama el hotel?
3. ¿Qué quiere el señor Tostado?
4. ¿Cómo es la habitación?
5. ¿Para cuántas noches es la habitación?

Hotel Miguel Ángel
C/. Alcántara, 25 - 28029 Madrid
Tel.: 91 569 93 53 - Fax: 91 456 78 90

FAX

EMISOR		RECEPTOR	
DE.... **M. Sáez**			
DEPARTAMENTO.. **Reservas**		A... **D. Javier Tostado**	
Nº DE PÁGS. (incluida esta). **1**		DEPARTAMENTO. **Dirección**	
FECHA.... **7 de mayo**		EMPRESA.... **K-OS-2000**	
		Nº FAX.... **93 410 55 11**	

REFERENCIA:

TEXTO:

Le confirmamos su reserva de una
habitación individual de no fumador,
del 20 al 24 de mayo.

Reciba un atento saludo,

M. Sáez
Depto. de Reservas

El fax

(a) Para cuatro noches.

(b) Una habitación.

(c) Individual y de no fumador.

(d) En la recepción de un hotel.

(e) Miguel Ángel.

Recepcionista: Hola, buenos días.

Javier: *Buenos días. Tengo una habitación reservada.*

R.: Sí, ¿a nombre de quién?

J.: *Javier Tostado García.*

R.: Lo siento, pero no tenemos nada reservado a ese nombre.

J.: *No puede ser, mire, aquí tengo su fax de confirmación.*

R.: Pues... debe de haber un error. Un momento, por favor.

R.: ¡Ah, sí, perdón! Habitación individual de no fumador.

J.: *Efectivamente.*

R.: Del 20 al 24 de mayo.

J.: *Exacto.*

R.: ¿Me permite el DNI y una tarjeta de crédito?

J.: *¡Cómo no!*

R.: Gracias. Habitación 215. Su llave.

J.: *Muchas gracias.*

R.: En seguida le suben el equipaje.

J.: *Gracias.*

R.: A usted. ¡Feliz estancia!

¿Ha comprendido bien?

Elija la respuesta correcta.

1 **Javier Tostado**
  a) quiere reservar una habitación.
  b) tiene una habitación reservada.

2 **Su habitación es**
  a) individual.
  b) doble.

3 **Javier Tostado es**
  a) fumador.
  b) no fumador.

4 **Va a dormir**
  a) cinco noches en el hotel.
  b) cuatro noches en el hotel.

5 **Paga**
  a) con cheque.
  b) con tarjeta de crédito.

6 **Su habitación es**
  a) la 205.
  b) la 215.

Secuencias

Ordene el diálogo de cada secuencia.

a
Lo siento, pero no tenemos nada reservado a ese nombre.

d
Sí, ¿a nombre de quién?

c
Javier Tostado García.

b
Buenos días. Tengo una habitación reservada.

1. ....

2. ....

3. ....

4. ....

a ¡Cómo no!

b Habitación individual de no fumador.

c ¿Me permite el DNI y una tarjeta de crédito?

1. ....
2. ....
3. ....
4. ....
5. ....
6. ....

d Exacto.

e Del 20 al 24 de mayo.

f Efectivamente.

c Muchas gracias.

1. ....
2. ....
3. ....

a ¡Feliz estancia!

b Habitación 215. Su llave.

¡A escena!

En la recepción de un hotel.

¿Qué se dice para…?

- Pedir una habitación ya reservada.
- Indicar las características de la habitación.
- Pedir la documentación.
- Preguntar el nombre.
- Expresar la duración de la estancia.

Representen la siguiente secuencia:

Estudiante A. Es Antonio Merino Toledo. Tiene reservada una habitación para dos noches (individual, con teléfono y televisión).

Estudiante B. Es el/la recepcionista del hotel. Le da la habitación 86.

En algunos países de Hispanoamérica, como Argentina y Uruguay, no se emplea la forma **"tú"**. En su lugar se dice **"vos"**.

LOS VERBOS

 Observe.

En español hay tres grupos de verbos: en -AR, en -ER y en -IR.

En Hispanoamérica no se emplea la forma **"vosotros"**. En su lugar se dice **"ustedes"**.

EL PRESENTE DE INDICATIVO

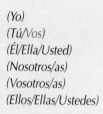

VERBOS REGULARES

	HABLAR	COMPRENDER	SUBIR
(Yo)	hablo	comprendo	subo
(Tú/Vos)	hablas/hablás	comprendes/comprendés	subes/subís
(Él/Ella/Usted)	habla	comprende	sube
(Nosotros/as)	hablamos	comprendemos	subimos
(Vosotros/as)	habláis	comprendéis	subís
(Ellos/Ellas/Ustedes)	hablan	comprenden	suben

VERBOS IRREGULARES

Diptongación — 1.ª persona (yo) irregular

	PODER	QUERER	TENER	HACER		SER	ESTAR
(Yo)	puedo	quiero	tengo	hago		soy	estoy
(Tú/Vos)	puedes/podés	quieres/querés	tienes/tenés	haces/hacés		eres/sos	estás
(Él/Ella/Usted)	puede	quiere	tiene	hace		es	está
(Nosotros/as)	podemos	queremos	tenemos	hacemos		somos	estamos
(Vosotros/as)	podéis	queréis	tenéis	hacéis		sois	estáis
(Ellos/Ellas/Ustedes)	pueden	quieren	tienen	hacen		son	están

Más verbos:
preferir ► prefiero   venir ► vengo, vienes   dormir ► duermo
entender ► entiendo   salir ► salgo   volver ► vuelvo

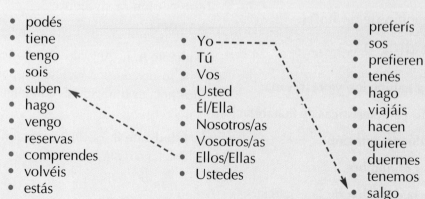 **Relacione.**

- podés
- tiene
- tengo
- sois
- suben
- hago
- vengo
- reservas
- comprendes
- volvéis
- estás

- Yo
- Tú
- Vos
- Usted
- Él/Ella
- Nosotros/as
- Vosotros/as
- Ellos/Ellas
- Ustedes

- preferís
- sos
- prefieren
- tenés
- hago
- viajáis
- hacen
- quiere
- duermes
- tenemos
- salgo

gramatical

3 Escuche y marque la forma oída.

1. • estudias
   • estudiáis

2. • podemos
   • puedo

3. • trabajáis
   • trabajas

4. • quieren
   • quiero

5. • soy
   • estoy

6. • tenéis
   • tiene

7. • comprendo
   • comprenden

8. • escriben
   • escribe

9. • eres
   • es

10. • vives
    • viven

4 Descubra el nombre y la profesión de esta mujer.
Conjugue estos verbos y complete el crucigrama.

1. comprender *(Yo)*
2. trabajar *(Vosotros)*
3. tener *(Él)*
4. ser *(Tú)*
5. vivir *(Tú)*
6. hacer *(Nosotros)*
7. estar *(Vosotros)*
8. hacer *(Él)*
9. tener *(Yo)*
10. subir *(Yo)*
11. poder *(Ustedes)*
12. reservar *(Tú)*
13. querer *(Vosotros)*
14. querer *(Yo)*
15. ser *(Vosotros)*
16. poder *(Nosotros)*
17. escribir *(Usted)*
18. ser *(Usted)*
19. estar *(Nosotros)*
20. hablar *(Ella)*

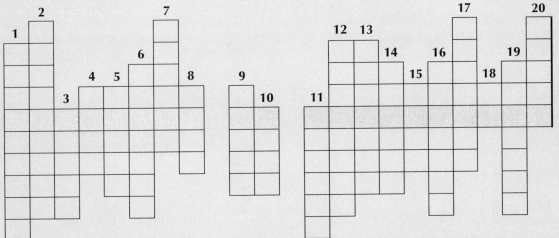

5 Escriba seis frases negativas con seis formas verbales del crucigrama.
Vosotros no trabajáis en Lima.

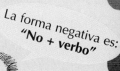

La forma negativa es: **"No + verbo"**

a. ....
b. ....
c. ....
d. ....
e. ....
f. ....

LOS ARTÍCULOS

6 Observe.

	INDETERMINADOS		DETERMINADOS	
	masculino	femenino	masculino	femenino
singular	**un** hotel	**una** llave	**el** hotel	**la** llave
plural	**unos** hoteles	**unas** llaves	**los** hoteles	**las** llaves

Voy **del** hotel **al** aeropuerto.

de + el ➤ **del**   a + el ➤ **al**

Del 20 **al** 24 de mayo.

7 Clasifique las siguientes palabras en el cuadro.

el domicilio   la dirección   la nacionalidad   la empresa   la respuesta

la agencia   el nombre   el fax   la publicidad   la llave   el teléfono

el bolígrafo   la edad   la profesora   la atención   el director   el equipaje

el apellido   la secretaria   el banco   la tarjeta   el hotel

el profesor   el momento

masculinas	femeninas
....	....
....	....
....	....
....	....
....	....
....	....

8 Indique la respuesta correcta.

Las palabras del cuadro en ...

		masculinas	femeninas
-o	son	☐	☐
-a	son	☐	☐
-dad	son	☐	☐
-ción	son	☐	☐
-or	son	☐	☐

9 ¿Qué otras palabras conocen?

en **-o** ....

en **-a** ....

en **-dad** ....

en **-ción** ....

en **-or** ....

gramatical

EL PLURAL

10 Observe.

SINGULAR	PLURAL
palabras terminadas en vocal	**+ s**
tarjeta, llave, compañero	tarjetas, llaves, compañeros
palabras terminadas en consonante	**+ es**
hotel, ciudad, profesor	hoteles, ciudades, profesores

11 Escuche y clasifique las palabras en la columna correspondiente. Luego, escriba el singular o plural correspondiente.

singular	plural
....	*ciudades* ....
....	....
....	....
....	....
....	....
....	....
....	....
....	....

El ac⊚nto en la pal@bra

1 Escuche y señale la frase oída.

a.
1. Tienes cuarenta años.
2. ¡Tienes cuarenta años!
3. ¿Tienes cuarenta años?

b.
1. Julia es profesora.
2. ¡Julia es profesora!
3. ¿Julia es profesora?

c.
1. Eres boliviano.
2. ¡Eres boliviano!
3. ¿Eres boliviano?

Observe: en español hay dos signos de admiración (¡!) y dos de interrogación (¿?).

2 Pronuncie estas frases. Luego, escuche.

1. José estudia en Salamanca.
2. ¿Una habitación para dos noches?
3. ¿Es la habitación 25?
4. ¿El profesor se llama Miguel?
5. ¡No fumador!

6. Javier trabaja en Barcelona.
7. ¡Eres Felipe!
8. Está en el hotel.
9. ¿Individual o doble?
10. ¡Cuarenta y ocho!

◀◀ SE RUEDA ▶▶

1 Marcos Pelayo es un hombre de negocios de Barcelona. El 4 de junio tiene una reunión en la empresa SOTEC de Madrid, con Marisa Alonso, directora de una agencia de publicidad de Bilbao.

En grupos de tres. Lean las agendas.

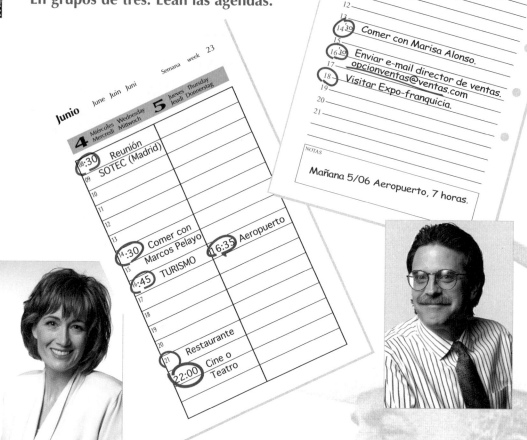

Junio *June Juin Juni*
4 Miércoles *Wednesday Mercredi Mittwoch*   Semana *week* 23
- 08:30 Reunión SOTEC (Madrid)
- 09
- 10
- 11
- 12
- 13
- 14:30 Comer con Marisa Alonso.
- 15
- 16:30 Enviar e-mail director de ventas. opcionventas@ventas.com
- 17
- 18 Visitar Expo-franquicia.
- 19
- 20
- 21

NOTAS
Mañana 5/06 Aeropuerto, 7 horas.

Junio *June Juin Juni*   Semana *week* 23
4 Miércoles *Wednesday Mercredi Mittwoch* / **5** Jueves *Thursday Jeudi Donnerstag*
- 08:30 Reunión SOTEC (Madrid)
- 09
- 10
- 11
- 12
- 13
- 14:30 Comer con Marcos Pelayo / 16:35 Aeropuerto
- 15
- 16:45 TURISMO
- 17
- 18
- 19
- 20 Restaurante
- 21 Cine o
- 22:00 Teatro

2 Ahora, imaginen el hotel ideal para cada persona. Elijan la situación y las cuatro características más importantes.

SITUACIÓN
- Céntrico
- A veinte minutos de Madrid
- A cinco minutos del aeropuerto

CARACTERÍSTICAS
- Televisión vía satélite
- Jacuzzi
- Tranquilo
- Gimnasio
- Discoteca
- Restaurante internacional
- Internet
- Piscina climatizada

- Para el señor Pelayo, un hotel tranquilo y céntrico.
- No, mejor a cinco minutos del aeropuerto.
- Sí, y con...

3 Escuche. ¿Quién es la secretaria de Marisa Alonso?

4 La secretaria de Marcos Pelayo llama al Hotel Castilla para reservar una habitación. Escriban y representen la conversación con el recepcionista.

3-5 junio

5 En la recepción de los hoteles.
La clase se divide en dos grupos (A y B), y cada grupo en parejas.

Grupo A	Grupo B
Representen la conversación entre Marcos Pelayo y el/la recepcionista.	Representen la conversación entre Marisa Alonso y el/la recepcionista.

Elijan las frases más apropiadas.

- Muchas gracias.
- De Marisa Alonso.
- ¡Cómo no! Aquí tiene.
- Exacto.
- ¿Tiene habitaciones libres?
- Su llave.
- Tengo una habitación reservada.
- No, del 5 al 10 de junio.
- ¿Me permite su tarjeta de crédito?
- De Marcos Pelayo.

- ¿A nombre de quién?
- ¡Feliz estancia!
- ¿Para cuántas personas?
- Habitación 56. Su llave.
- Una habitación doble con televisión.
- ¿Cómo quiere la habitación?
- Lo siento. No tenemos habitaciones libres.
- ¿Me permite el pasaporte?
- ¿Me dice su teléfono, por favor?
- A ver… Efectivamente, del 3 al 5 de junio.

Pedir una habitación

| • ¿Tienen habitaciones libres?
• Tengo una habitación reservada. | ◆ *¿A nombre de quién?*
◆ *¿Su nombre, por favor?* | • Javier Tostado. |

Describir la habitación

| • Una habitación | individual
doble | de (no) fumador
exterior
tranquila | con | aire acondicionado.
baño.
ducha.
teléfono directo.
televisión. |

Expresar duración

| • ¿Para cuántas noches? | ◆ *Para cuatro noches.*
◆ *Del 20 al 25 de mayo.* |

Pedir la documentación

| • ¿Me permite el DNI?
• ¿Me enseña el carné? | ◆ *¡Cómo no!*
◆ *Aquí tiene.* |

Expresar agradecimiento   ### Expresar buenos deseos

| • Muchas gracias. | ◆ *De nada.* | | • ¡Feliz estancia! | ◆ *Gracias.* |

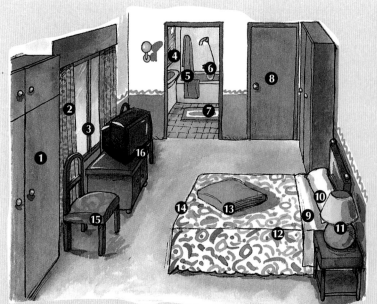

1. El armario.
2. Las cortinas.
3. La ventana.
4. El espejo.
5. La toalla.
6. La ducha.
7. La bañera.
8. La puerta.
9. La sábana.
10. La almohada.
11. La lámpara.
12. La colcha.
13. La manta.
14. La cama.
15. La silla.
16. La televisión.

Tareas en Internet

De Paradores

Edición   Ver   Favoritos   Herramientas   Ayuda

Adelante   Detener   Actualizar   Inicio   Búsqueda   Favoritos   Correo   Imprimir

http://www.parador.es   ▼   ↗ Ir a

Tarea: Usted quiere reservar una habitación en un Parador. Familiarícese con el léxico de la hostelería y conozca el tipo de alojamiento español llamado «Parador».

Escoja el sitio http://www.parador.es

(1) ¿Qué es un Parador?

Escoja la lengua española y seleccione **Mapa general**.
Seleccione una zona del mapa y elija el Parador que desea ver con más detalle.
Visualice el lugar donde se encuentra el plano.

¿Qué actividades le ofrece?

¿Cómo se llega a él?

¿Cuáles son los Paradores más cercanos?

¿Qué excursiones se pueden hacer a partir de este Parador?

¿Qué fiestas típicas se celebran en la localidad?

Si no entiende los símbolos utilizados, consulte el directorio haciendo clic en

(2) ¿Quiere reservar?

Vuelva a la página principal y escoja **Reservas**.

¿Qué datos tiene que saber dar para rellenar el formulario?

¿Qué clase de habitaciones le proponen?

¿Existen centrales de reservas en el extranjero?

Consulte **Más información** en la Página Principal.

(3) ¿Cuánto vale la habitación en un Parador?

Escoja en la página principal **Precios**.

¿Cómo se calcula el precio: por persona o por habitación estándar?

¿Vale lo mismo una habitación para uso individual que una doble?

¿Tienen recargo los servicios de restauración en la habitación?

(4) ¿Hay ofertas especiales?

Escoja en la página principal **Ofertas especiales**.
¿Para quién es la oferta **Días dorados**?
¿Qué descuento se le hace si pasa dos noches?
¿Cuál es la forma ideal para ir de Parador en Parador?

Internet

episodio 2

LLAMANDO A EMPRESAS

El teléfono

El clasificador

La telefonista

El teclado

TALKBACK

Ricardo Moreno
Asistente de Marketing

Pº de los Molinos, s/n. 28003 Madrid
Tel. 91 546 89 00 - Fax 91 596 88 33 • e-mail: rmoreno@talkback.com

Abril

21
Lunes
Monday Lundi Montag

April Avril Apel

Semana week 17

08 _____
09 _____
10 _____
11 (11) Carmen García. Directora de Producción (Discalia)
12 Avenida de la Paz, 67. Tel. 91 546 89 00
13 _____
14 _____
15 _____
16 _____
Llamar a F. Lozano. Director de Personal (Grupo FTD)
Tel. 91 234 50 98

Abril

22

08 _____
09 _____
10 _____
11 _____
12 _____
13 _____
14 _____
15 _____
16 _____
17 _____
18 _____
19 _____
20 _____
21 _____

NOTAS

Entrando en materia

Conteste.

1. ¿Dónde trabaja Carmen García?
2. ¿Cuál es el teléfono de Talkback?
3. ¿A qué se dedica Ricardo Moreno?
4. ¿Cuál es la dirección del Grupo Discalia?
5. ¿Con qué persona del Grupo FTD quiere hablar Javier Tostado?

Telefonista A: Grupo Discalia, buenos días.

Javier: *¡Hola, buenos días! Carmen García, por favor.*

T. A: Un momentito. Está hablando por otra línea. ¿Espera o prefiere volver a llamar más tarde?

J.: *No, llamaré más tarde, gracias.*

T. A: De acuerdo, adiós.

J.: *Buenos días.*

Telefonista B: Talkback, buenos días.

J.: *Hola, buenos días. Ricardo Moreno, por favor.*

T. B: Lo siento, está reunido y no se le puede interrumpir. ¿Quiere hablar con su secretaria?

J.: *No, no. No importa, gracias.*

T. B: Muy bien.

Telefonista C: Grupo FTD, buenos días.

J.: *¡Hola, buenos días! ¿Me pone con el señor Lozano, por favor?*

T. C: ¿De parte de quién?

J.: *De Javier Tostado.*

T. C: Sí, ahora le paso.

J.: *Gracias.*

Telefonista B: Talkback. No se retire, por favor. Talkback, buenos días.

J.: *¡Hola, buenos días! ¿Se puede poner ya el señor Moreno, por favor?*

T.B: Sí, le paso.

J.: *Gracias. Ricardo, más de una hora llevo llamándote, ¿qué tal? Sí, ya estoy aquí.*

¿Ha comprendido bien?

Elija la respuesta correcta.

1 **Javier Tostado no puede hablar con Carmen García**
   a) porque está hablando por otra línea.
   b) porque no está en la empresa.

Javier Tostado
   a) espera.
   b) llamará más tarde.

2 **Ricardo Moreno**
   a) está hablando por otra línea.
   b) está reunido.

Javier Tostado
   a) quiere hablar con la secretaria de Ricardo Moreno.
   b) no quiere hablar con la secretaria de Ricardo Moreno.

3 **La telefonista pone a Javier Tostado**
   a) con el señor Lozano.
   b) con la secretaria del señor Lozano.

4 **Ahora, el señor Moreno**
   a) puede hablar con Javier Tostado.
   b) está reunido.

Secuencias

Ordene el diálogo de cada secuencia.

a
No, llamaré más tarde, gracias.

c
¡Hola, buenos días! Carmen García, por favor.

b
Un momentito. Está hablando por otra línea. ¿Espera o prefiere volver a llamar más tarde?

d
Grupo Discalia, buenos días.

1. ....
2. ....
3. ....
4. ....

a No, no. No importa, gracias.

b Lo siento, está reunido y no se le puede interrumpir. ¿Quiere hablar con su secretaria?

c Hola, buenos días. Ricardo Moreno, por favor.

d Talkback, buenos días.

1. ....
2. ....
3. ....
4. ....

1. ....
2. ....
3. ....
4. ....
5. ....
6. ....

b Grupo FTD, buenos días.

a Sí, ahora le paso.

c Gracias.

d De Javier Tostado.

e ¿De parte de quién?

f ¡Hola, buenos días! ¿Me pone con el señor Lozano, por favor?

a Sí, le paso.

b Talkback, buenos días.

c ¡Hola, buenos días! ¿Se puede poner ya el señor Moreno, por favor?

1. ....
2. ....
3. ....

¡A escena!

Al teléfono.

¿Qué se dice para...?

- **Preguntar por alguien./Responder.**
- **Preguntar quién llama.**
- **Ofrecer alternativas./Contestar.**

Representen la siguiente secuencia:

Estudiante A. Llame por teléfono y pregunte por el señor Jiménez.

Estudiante B. Usted es la secretaria del señor Jiménez. Pregunte quién llama.

Estudiante A. Diga su nombre.

Estudiante B. Pase la llamada al señor Jiménez.

LOCALIZACIÓN

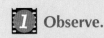 **Observe.**

¿Dónde están las cosas?

El/La ⟩ + sustantivo ⟨ **está** + localización ⟨ *La foto está sobre la mesa.*
Los/Las ⟩   **están**   ⟨ *Los bolígrafos están al lado del ordenador.*

a la izquierda (de)   a la derecha (de)   debajo (de)   en/sobre, encima (de)   entre

delante (de)   detrás (de)   dentro (de)/en   al lado (de)   alrededor (de)

¿Qué hay encima de la mesa?

Hay + ⟨ un/una/unos/unas | + sustantivo ⟩   *Hay una foto.*
       dos, tres…   *Hay tres libros.*
       sustantivo plural   *Hay mensajes.*

2 **Mire la ilustración de la página 33 y forme frases con un elemento de cada columna.**

- Delante del ordenador
- Los mensajes
- Debajo del fax
- Los disquetes
- La foto
- El maletín
- En el cajón
- Debajo de la lámpara

- está
- están
- hay

- un ordenador.
- debajo del teléfono.
- en la estantería.
- al lado de los cajones.
- un reloj.
- una carpeta.
- entre el ordenador y el teléfono.
- una impresora.

El maletín está al lado de los cajones.

gramatical

3 Observen la ilustración.

Estudiante A	**Estudiante B**
Lea estas frases a su compañero/a e invente dos más. Él/Ella le dirá si son verdaderas o falsas.	Escuche a su compañero/a y diga si las frases son verdaderas o falsas. Ahora lea a su compañero/a estas frases e invente dos más. Él/Ella le dirá si son verdaderas o falsas.

Estudiante A

Lea estas frases a su compañero/a e invente dos más. Él/Ella le dirá si son verdaderas o falsas.

- El teléfono está sobre la mesa, a la izquierda.
- Hay bolígrafos al lado del teléfono.
- Hay una estantería detrás de la mesa.
- Los sobres están entre la foto y los libros.

Ahora, escuche a su compañero/a y diga si las frases son verdaderas o falsas.

Estudiante B

Escuche a su compañero/a y diga si las frases son verdaderas o falsas. Ahora lea a su compañero/a estas frases e invente dos más. Él/Ella le dirá si son verdaderas o falsas.

- El maletín está sobre la mesa.
- Hay libros en la estantería.
- Hay un ordenador al lado del listín.
- Las llaves están debajo de la impresora.

1. El listín de teléfonos.
2. El maletín.
3. Los sobres.
4. Los disquetes.
5. Los mensajes.
6. La carpeta.
7. El fax.
8. El ordenador.
9. La impresora.
10. Las llaves.

4 Observe la ilustración y escuche. ¿De qué objetos hablan?

5 Vuelva a escuchar la conversación y complete el cuadro.

Objeto/s	Dónde está/n
....	....
....	....
....	....
....	....
....	....
....	....

ESTAR + GERUNDIO

 6 Observe.

Estoy			
Estás			
Está	+	tom̶a̶r̶	**-ando**
Estamos		beb̶e̶r̶	**-iendo**
Estáis		escrib̶i̶r̶	**-iendo**
Están			

 7 Observe a los empleados de esta empresa.

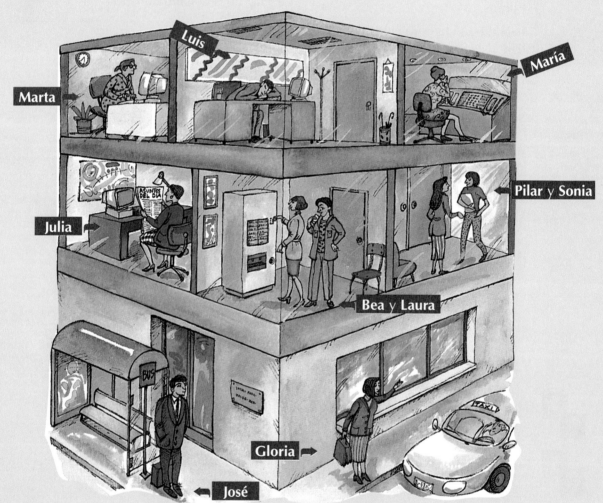

Luis

María

Marta

Pilar y Sonia

Julia

Bea y Laura

Gloria

José

 8 Identifique a los personajes y escriba qué están haciendo.

1. *Marta está escribiendo una carta.* 5. ....
2. .... 6. ....
3. .... 7. ....
4. .... 8. ....

gramatical

PERÍFRASIS VERBALES

 9 Observe las estructuras del cuadro y luego localícelas en el texto.

> **Quiero, quieres/querés, quiere…**
> **Puedo, puedes/podés, puede…** } + infinitivo
> **Prefiero, prefieres/preferís, prefiere…**

- Buenos días. ¿La señora García?
- ¿De parte de quién, por favor?
- Soy Joaquín Mortero, de IMAN, S.A.
- Pues… está ocupada; está hablando por teléfono.
- ¿Quiere hablar con su socio?
- No, no… Prefiero esperar.
- De acuerdo, pero, si quiere, puede llamar en diez minutos.
- Está bien. Llamo después.

10 Relacione los elementos de las columnas para formar todas las frases posibles.

• Juan y Pedro	• quiere	• hablar	• al teléfono.
• Pilar	• prefieres	• ponerse	• en un hotel.
• Tú	• podemos	• llamar	• un *e-mail.*
• Nosotros	• preferís	• dormir	• diez minutos.
• Mario	• no puede	• enviar	• con Luisa.
• Vosotros	• quieren	• esperar	• más tarde.

El ac⊜nto en la pal@bra

 1 Escuche y rodee la sílaba acentuada.

- publicidad
- crédito
- capital
- tarjeta
- Caracas

- Isabel
- número
- Badajoz
- profesor
- años

- Tarragona
- Carmen
- teléfono
- hablar
- Calle

- hablan
- Chile
- director
- edad
- escriben

> La sílaba acentuada puede ser la última (edad), la penúltima (Chile) o la antepenúltima (número).

 2 Pronuncie estas palabras. Luego, escuche y compruebe.

- estudiante
- usted
- carta
- español

- hacen
- América
- compañero
- reloj

- nosotros
- trabajar
- llave
- tienen

- dormir
- Madrid
- Elena
- frase

1 Observe las oficinas de la empresa ALS y responda a estas preguntas.

Si alguien llama:

¿Qué personas pueden contestar al teléfono?
Teresa Campos.

¿Qué personas no pueden contestar? ¿Por qué?
Sebastián Alonso porque está con dos clientes.

2 *Varias personas llaman a ALS para hablar con:*

Alicia Casado
Bienvenido Toledo
Sebastián Alonso
Leonor Prada

Imaginen las conversaciones con la telefonista.
Sigan las flechas y escriban los diálogos posibles.

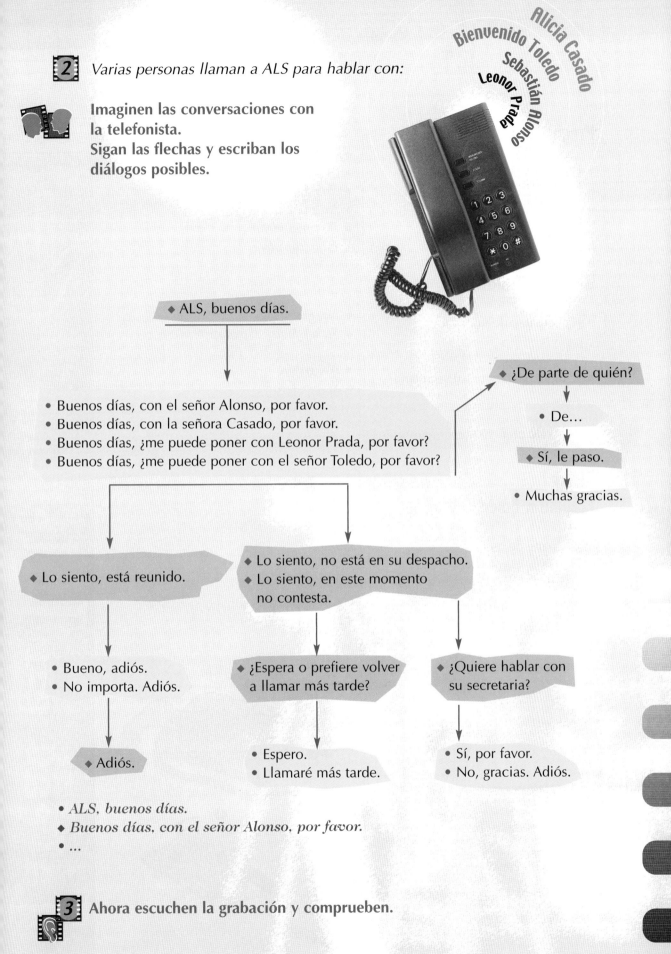

◆ ALS, buenos días.

◆ ¿De parte de quién?

• De...

◆ Sí, le paso.

• Muchas gracias.

• Buenos días, con el señor Alonso, por favor.
• Buenos días, con la señora Casado, por favor.
• Buenos días, ¿me puede poner con Leonor Prada, por favor?
• Buenos días, ¿me puede poner con el señor Toledo, por favor?

◆ Lo siento, está reunido.

◆ Lo siento, no está en su despacho.
◆ Lo siento, en este momento no contesta.

• Bueno, adiós.
• No importa. Adiós.

◆ ¿Espera o prefiere volver a llamar más tarde?

◆ ¿Quiere hablar con su secretaria?

◆ Adiós.

• Espero.
• Llamaré más tarde.

• Sí, por favor.
• No, gracias. Adiós.

• *ALS, buenos días.*
• *Buenos días, con el señor Alonso, por favor.*
• *...*

3 Ahora escuchen la grabación y comprueben.

Archivo

← Atrás

Dirección

Preguntar por alguien

- Inma García, por favor.
- ¿Me pone con el Sr. Prat, por favor?
- ¿Me puede poner con Luis Cobos?

- ◆ *Un momento, por favor.*
- ◆ *No se retire.*
- ◆ *Sí, ahora le paso.*
- ◆ *Está hablando por otra línea.*
- ◆ *No está en su despacho.*
- ◆ *Está reunido/a.*
- ◆ *Está ocupado/a.*

Ofrecer alternativas

- ¿Quiere dejarle un recado?

- ◆ *No, gracias.*
- ◆ *Sí, soy Javier Tostado.*

- ¿Quiere hablar con su secretaria?

- ◆ *No, gracias.*
- ◆ *Sí, por favor.*

- ¿Espera o prefiere llamar más tarde?

- ◆ *Espero.*
- ◆ *Llamaré más tarde.*

Preguntar quién llama

- ¿De parte de quién?

- ◆ *De Javier Tostado.*

- ¿Me dice su nombre?

- ◆ *Javier Tostado.*

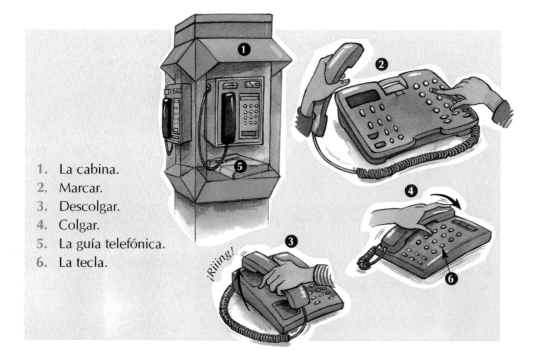

1. La cabina.
2. Marcar.
3. Descolgar.
4. Colgar.
5. La guía telefónica.
6. La tecla.

Tareas en Internet

Elegir un teléfono

 Adelante   Detener   Actualizar   Inicio   Búsqueda   Favoritos   Correo   Imprimir

http://www.telefonica.es   Ir a

Tarea: Usted necesita instalar un teléfono en su casa. Infórmese acerca de los servicios y modelos de teléfonos que le ofrece esta compañía.

Escoja el sitio http://www.telefonica.es

① Los diferentes teléfonos

Seleccione **La Tienda virtual**. Entre en **La Tienda virtual**.

Escoja **Teléfonos**.

¿Qué es un inalámbrico? ¿Cuántos tipos de teléfonos hay?

¿Cuántos modelos hay de «Básicos»?

Escoja **Accesorios**.

¿Para qué sirve la pantalla IDI?

② Las ventajas personales

Vuelva a **La Tienda** y escoja **Tarjetas**.

¿Cuántas tarjetas diferentes propone Telefónica?

¿Para quién es la «Tarjeta Junior»?

③ Los móviles

Vuelva a **La Tienda**, pulse sobre **Teléfonos** y escoja **Móviles**.

¿Qué diferencia ve entre Movistar y Moviline?

④ ¿Ofertas?

Vaya a la página principal de **La Tienda Virtual**, escoja **Planes de descuento** y acceda a **Descuentos en llamadas**.

¿Cuántos planes de descuento ofrecen?

¿Cuál le parece más interesante?

Internet

⌐ CONCERTANDO UNA CITA ⌐

La fecha

El mes

20 MAYO

LUNES

Santos Marco y Dionisio,
mrs. y santa Berta, vg.

	Lunes	Martes	Miércoles	Jueves	Viernes	Sábado	Domingo
			1	2	3	4	5
	6	7	8	9	10	11	12
	13	14	15	16	17	18	19
	20	21	22	23	24	25	26
Semana 19	27	28	29	30	31		

El día
de la semana

El fin de semana

Entrando en materia

Hoy es lunes 20 de mayo, Javier Tostado llama a su secretaria en Barcelona para decirle dónde le puede localizar hoy y mañana.

Observe la agenda y relacione las dos partes de cada frase.

Agenda - Lunes 20

Mayo May Mai Mai   Semana week **19**

20 Lunes
Monday Lundi Montag

Por la mañana

08 _____
09 ___ Hotel Miguel Ángel ___
10 _____
11 ___ Reunión FTD. ___
12 _____
13 ___ Comer con Antonio Merino, ___
14 ___ restaurante El Quijote, Mayor, 25. ___

Por la tarde

15 _____
16 ___ Expopub - Ifema ___
17 _____
18 ___ Ifomex ___
19 _____

Por la noche

20 _____
21 ___ Cenar con Carmen García de Discalia. ___
22 _____

NOTAS

Llamar a Fermín (91 586 22 04).
Mandar fax a Barcelona.

Agenda - Martes 21

Mayo May Mai Mai   Semana week **19**

21 Martes
Tuesday Mardi Dienstag

08 _____
09 '30 ___ Reunión Marta Molinos, Cetral. ___
10 _____
11 _____
12 _____
13 _____
14 _____
15 _____
16 _____
17 ___ Talkback. ___
18 _____
19 _____
20 _____
21 _____
22:00 ___ Teatro: "El hombre de La Mancha". ___

NOTAS

17:30 Ir al aeropuerto.

La agenda
La hora
La cita

Transcripción

Fermín: Sí, ¿dígame?

Javier: ¡Buenos días, Fermín!

F.: ¡Javier! ¿Qué tal? ¿Estás ya en Madrid?

J.: Sí, acabo de llegar, estoy en el hotel. Oye, ¿cómo podemos hacer para vernos?

F.: Pues nada, te espero mañana en la oficina y después vamos a comer juntos.

J.: Muy bien. Eh... ¿cómo quedamos?

F.: A ver... ¿te va bien mañana a las diez?

J.: No. Es un poco pronto. Tengo una reunión a las nueve y media. Eh... ¿a las once, mejor?

F.: Vale, quedamos a las once.

J.: De acuerdo. ¿Sigues en el paseo de La Habana?

F.: Sí, estamos en el paseo de La Habana. Bueno... hemos cogido otro local.

J.: Vale, pues nos vemos mañana entonces.

F.: Vale. Hasta mañana, Javier.

J.: Un abrazo.

F.: Un abrazo. Hasta luego.

1. Hoy, a las once,
2. Luego, a la una y media,
3. A las cuatro,
4. A las seis,
5. Mañana, a las nueve y media,
6. A las cinco,

(a) estoy en Ifomex.

(b) tengo una reunión con Marta Molinos en Cetral.

(c) como con Antonio Merino en el restaurante El Quijote.

(d) estoy en Talkback.

(e) estoy en la exposición EXPOPUB.

(f) tengo una reunión en FTD.

¿Ha comprendido bien?

Elija la respuesta correcta.

1 **Javier Tostado va a ver a Fermín**
    a) hoy.
    b) mañana.

2 **En**
    a) la oficina de Fermín.
    b) el hotel.

3 **Mañana, Javier no puede visitar a Fermín a las diez porque**
    a) tiene una reunión a las nueve y media.
    b) Fermín tiene una reunión a las diez.

4 **Quedan a**
    a) las once.
    b) las doce.

5 **La oficina de Fermín está en**
    a) la calle de La Habana.
    b) el Paseo de La Habana.

Secuencias

Ordene el diálogo de cada secuencia.

1. ....
2. ....
3. ....
4. ....
5. ....

a Sí, acabo de llegar. Oye, ¿cómo podemos hacer para vernos?

b Pues nada, te espero mañana en la oficina.

c ¡Javier! ¿Qué tal? ¿Estás ya en Madrid?

d Sí, ¿dígame?

e ¡Buenos días, Fermín!

a

No. Es un poco pronto. Tengo una reunión a las nueve y media. ¿A las once mejor?

b

A ver... ¿te va bien mañana a las diez?

c

¿Cómo quedamos?

d

Vale, quedamos a las once.

1. ....
2. ....
3. ....
4. ....

a

Un abrazo.

b

Un abrazo. Hasta luego.

c

Vale. Hasta mañana, Javier.

d

Vale, pues nos vemos mañana, entonces.

1. ....
2. ....
3. ....
4. ....

 ¡A escena!

Concertar una cita.

¿Qué se dice para...?

- **Proponer una cita.**
- **Aceptar.**
- **Rechazar y proponer otra cita.**

Representen la siguiente secuencia:

Estudiante A. Proponga a su compañero/a una cita a las 18:30.

Estudiante B. Usted no puede. Rechace y proponga otra hora.

¿Me puede decir la hora?

¿Qué hora es?

¿Tiene hora?

PREGUNTAR Y DECIR LA HORA

1 Observe.

(Es) la una.

(Son) las > dos.
cuatro y media.
seis menos cinco.

menos cinco   menos   y   y cinco

menos cuarto   y cuarto

menos veinticinco   y veinticinco

y media

2 Dibuje las agujas en los relojes de la izquierda, y escriba la hora de los de la derecha.

 Las tres menos veinticinco. ....

Las cinco y cuarto. ....

 La una y media. ....

 Las dos y cinco. ....

 Las tres menos cuarto. ....

3 Escuche y ponga las horas.

gramatical

LOS VERBOS

 Observe.

EL PRESENTE DE INDICATIVO

	Infinitivos con *-se*		Cambio vocálico / Diptongación	
	LEVANTARSE	VESTIRSE	JUGAR	IR
(Yo)	**me** levanto	**me** visto	juego	voy
(Tú/Vos)	**te** levantas/levantás	**te** vistes/vestís	juegas/jugás	vas
(Él/Ella/Usted)	**se** levanta	**se** viste	juega	va
(Nosotros/as)	**nos** levantamos	**nos** vestimos	jugamos	vamos
(Vosotros/as)	**os** levantáis	**os** vestís	jugáis	vais
(Ellos/Ellas/Ustedes)	**se** levantan	**se** visten	juegan	van

 ¿Sabe más infinitivos?

Verbos **e ► ie**   *empezar   pensar*   Verbos **o ► ue**   *volver   acostarse*

Verbos **e ► i**   *pedir   seguir*

6 **Lea el texto y escriba a qué hora realizan Pilar y Luis las actividades. Luego, pregunte a su compañero/a su horario y complete la columna correspondiente.**

Pilar y Luis están casados. Se levantan a las ocho menos cuarto. Pilar se viste a las ocho y Luis quince minutos después. Pilar bebe un café con leche a las ocho y veinte y Luis un café cuando llega a la oficina, con un compañero. Pilar sale de casa diez minutos después de desayunar y tarda veinticinco minutos en llegar al trabajo. Luis sale de casa a las ocho y veinte y llega a la oficina a la misma hora que Pilar. Los dos empiezan a trabajar cinco minutos después de llegar. Por las mañanas, Pilar trabaja cinco horas y su marido cuatro horas y media. Al mediodía, Pilar tiene una hora y media para comer y Luis, una. Por las tardes, Pilar trabaja tres horas y vuelve a casa. Luis vuelve a casa a las ocho. Los dos cenan dos horas y media antes de acostarse, a las diez y media.

	Pilar	Luis	Comp.
levantarse			
vestirse			
desayunar			
salir de casa			
llegar al trabajo			
empezar a trabajar			
comer			
volver a casa			
cenar			
acostarse			

¿A qué hora te levantas?

A las siete y media.

 Escuche esta encuesta y tome notas.

¿A qué hora se levanta?   ¿Qué desayuna?

¿Qué horario de trabajo tiene?   ¿Qué hace después de cenar?

EXPRESAR PLANES

 Observe.
PERÍFRASIS: IR + A + INFINITIVO

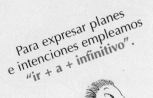 Para expresar planes e intenciones empleamos "ir + a + infinitivo".

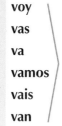

voy		cenar con unos amigos		por la mañana
vas		ir al cine		por la tarde
va		comer en un restaurante		por la noche
vamos	a	ver una película		el lunes
vais		visitar a unos clientes		la semana } próximo/a
van		comprar unos libros		el mes } que viene
				en enero/febrero...

 ¿Qué va a hacer Javier Tostado hoy? Lea el texto.

Por la mañana **va a ir** a FTD. Luego, **va a comer** con Antonio Merino en el restaurante Don Quijote. Por la tarde **va a ver** una exposición y luego **va a visitar** la empresa Ifomex. Por la noche, **va a cenar** con Carmen García.

10 **El miércoles, Javier tiene toda la tarde libre.**
Observe las ilustraciones y diga lo que va a hacer.

ir   comer   visitar   escribir   leer   jugar   comprar

 Escuche y reaccione.

gramatical

 12 En grupos de cuatro. Hablen de sus planes para el próximo fin de semana y escriban los nombres.

- ir al cine
- ver la tele
- cenar en un restaurante
- hacer deporte
- ver a amigos
- escuchar música
- descansar
- *otras actividades*

Helen ....

....

....

....

....

....

....

¿Quién?

13 Ahora, presenten sus planes a la clase.

- *Helen va a ir al cine.*
- *Patricia y John van a cenar en un restaurante.*
- *Yo voy a ver la tele el domingo.*

El acento en la palabra

 1 Escuche y localice la sílaba tónica.

hotel	llamar	jardín	Madrid	Portugal	Panamá
	francés	café	Toledo	española	llave	árbol
taxi		Carmen		Caracas		Cádiz

2 Clasifique las palabras.

penúltima sílaba	última sílaba
▪▪▪	▪▪▪

1. Las palabras terminadas en consonante (excepto **n** y **s**) se pronuncian con el acento en la última sílaba. Se llaman palabras **agudas**.

2. Las palabras terminadas en **vocal**, en **n** y **s** se pronuncian con el acento en la penúltima sílaba. Se llaman palabras **llanas**.

Aprenda las reglas.

3. De no ser así, llevan un acento escrito (tilde) en la sílaba acentuada: Panamá, jardín, francés, café, árbol, Cádiz.

episodio 3
47

1 Irene Aguilar es la directora de Infomax, una pequeña empresa de informática de Madrid. Esta es su agenda con sus citas del 20 al 24 de noviembre.

Noviembre November Novembre November		Semana week 47	Noviembre November Novembre November	
20 Lunes Monday Lundi Montag	**21** Martes Tuesday Mardi Dienstag	**22** Miercoles Wednesday Mercredi Mittwoch	**23** Jueves Thursday Jeudi Donnerstag	**24** Viernes Friday Vendredi Freitag
08	08	08	08	08
09	09	09	09	09
10 Reunión Cámara de Comercio	10	10 Todo el día	10	10
11	11	11	11 Inglés	11
12	12	12	12	12
13	13	13	13	13
14	14 Comida con JR en El Asturiano	14 Barcelona- Visita nueva sucursal	14	14
15	15	15	15	15
16	16	16	16	16
17'15 Visita Rocío Cobos	17 Conferencia en la Facultad de Ciencias	17	17	17
18	18	18	18	18'30 Aeropuerto
19	19	19	19	19
20	20	20	20	20
21	21	21	21	21
NOTAS			NOTAS	

Conteste a las siguientes preguntas.

¿Qué va a hacer Irene Aguilar la semana que viene?

El lunes por la mañana va a tener una reunión en la Cámara de Comercio.

¿Qué días puede recibir visitas y a qué horas?

El lunes por la tarde, hasta las cinco y cuarto.

2 Lunes, 16:30 h. Tres personas llaman a Infomax para concertar y confirmar citas con Irene Aguilar.

Escuche las conversaciones y complete la agenda con las nuevas citas.

Aquí tiene algunas frases de la grabación. Relacione las funciones con las expresiones.

1. Proponer una cita.
2. Rechazar una cita.
3. Proponer otra cita.
4. Aceptar/Confirmar una cita.
5. Despedirse.

a. Lo siento, no puedo.
b. Vale, delante del cine a las ocho y media.
c. El viernes no, no puedo.
d. ¿Qué tal a las ocho y media delante del cine?
e. Por la mañana, mejor. A las diez.
f. El jueves... estupendo.
g. ¿Le va bien mañana a las cinco?
h. Hasta el jueves, entonces.
i. Lo siento, el miércoles estoy en Barcelona.
j. Perfecto. Mañana a las diez.
k. ¿Podemos vernos mejor el jueves o el viernes?
l. Muy bien, el jueves a las cinco.
m. Adiós, hasta el jueves.

 Sustituya las palabras y las expresiones en color fucsia de la actividad 3 y forme nuevas frases.

de acuerdo	Pues nos vemos	tarde
en la oficina	el lunes	seis
tengo una conferencia	miércoles	cuarto
Muy bien	Te va bien	

Muy bien, delante del cine a las ocho y cuarto.

 Carlos, un amigo de Irene, está en Madrid para asistir mañana a un congreso de 9:30 h a 18:00 h. El jueves tiene todo el día libre y quiere ver a su amiga antes de coger el avión a Málaga a las 21:30 h.

 Escenifiquen la conversación telefónica entre Carlos e Irene según el siguiente guión. Luego, anoten la cita en la agenda.

Irene	Contesta al teléfono.
Carlos	Saluda y se identifica.
Irene	Saluda.
Carlos	Indica dónde está.
Irene	Expresa alegría y propone una cita.
Carlos	Propone una visita el jueves por la mañana.
Irene	Rechaza y explica el motivo.
Carlos	Invita a su amiga a comer.
Irene	Acepta e indica la hora y el lugar.
Carlos	Confirma.
Irene	Se despide de forma muy expresiva.
Carlos	Se despide.

CONCERTAR UNA CITA

Proponer / Preguntar

- ¿Cuándo nos vemos?
- ¿Cómo quedamos?
- ¿Cómo podemos hacer para vernos?

◆ *Pues te/le espero mañana en la oficina a las dos.*
◆ *¿Quedamos delante del hotel a la una?*
◆ *¿Qué tal en mi oficina a las cinco?*
◆ *¿Te/Le va bien en el restaurante a las dos?*
◆ *El sábado en mi casa.*

Aceptar

- Perfecto.   • Muy bien.   • Vale.   • Estupendo.   • De acuerdo.

Rechazar y proponer otra cita

- No, es un poco pronto, mejor a las cinco.
- No puedo, tengo una reunión a las tres. A las seis, mejor.
- Prefiero delante del restaurante.

Despedirse

- Bueno, pues nos vemos mañana.
- Adiós, hasta luego.
- Hasta el lunes.

◆ *Vale, hasta mañana.*
◆ *Hasta luego.*

2000

	ENERO						
L	M	MI	J	V	S	D	
					1	2	
3	4	5	6	7	8	9	
10	11	12	13	14	15	16	
17	18	19	20	21	22	23	
24/31	25	26	27	28	29	30	

FEBRERO
L M MI J V S D
1 2 3 4 5 6
7 8 9 10 11 12 13
14 15 16 17 18 19 20
21 22 23 24 25 26 27
28 29

MARZO
L M MI J V S D
1 2 3 4 5
6 7 8 9 10 11 12
13 14 15 16 17 18 19
20 21 22 23 24 25 26
27 28 29 30 31

ABRIL
L M MI J V S D
1 2
3 4 5 6 7 8 9
10 11 12 13 14 15 16
17 18 19 20 21 22 23
24 25 26 27 28 29 30

MAYO
L M MI J V S D
1 2 3 4 5 6 7
8 9 10 11 12 13 14
15 16 17 18 19 20 21
22 23 24 25 26 27 28
29 30 31

JUNIO
L M MI J V S D
1 2 3 4
5 6 7 8 9 10 11
12 13 14 15 16 17 18
19 20 21 22 23 24 25
26 27 28 29 30

JULIO
L M MI J V S D
1 2
3 4 5 6 7 8 9
10 11 12 13 14 15 16
17 18 19 20 21 22 23
24/31 25 26 27 28 29 30

AGOSTO
L M MI J V S D
1 2 3 4 5 6
7 8 9 10 11 12 13
14 15 16 17 18 19 20
21 22 23 24 25 26 27
28 29 30 31

SEPTIEMBRE
L M MI J V S D
1 2 3
4 5 6 7 8 9 10
11 12 13 14 15 16 17
18 19 20 21 22 23 24
25 26 27 28 29 30

OCTUBRE
L M MI J V S D
1
2 3 4 5 6 7 8
9 10 11 12 13 14 15
16 17 18 19 20 21 22
23/30 24/31 25 26 27 28 29

NOVIEMBRE
L M MI J V S D
1 2 3 4 5
6 7 8 9 10 11 12
13 14 15 16 17 18 19
20 21 22 23 24 25 26
27 28 29 30

DICIEMBRE
L M MI J V S D
1 2 3
4 5 6 7 8 9 10
11 12 13 14 15 16 17
18 19 20 21 22 23 24
25 26 27 28 29 30 31

El día festivo

- Lunes.
- Martes.
- Miércoles.
- Jueves.
- Viernes.
- Sábado.
- Domingo.

Tareas en Internet

¿Tienes un e-mail?

 Adelante   Detener   Actualizar   Inicio   Búsqueda   Favoritos   Correo   Imprimir

http://www.lettera.net   ▼   ↱ Ir a

Tarea: Usted necesita abrir un buzón de correo electrónico gratuito para mantener una correspondencia y concertar citas con compañeros hispanohablantes. Aprenda el léxico y las fórmulas del correo.

1 lettera

① ¿Cómo abrirse un buzón de correo electrónico?

Existen muchas direcciones de páginas web donde abrir un buzón de correo electrónico gratuito. Una de las más importantes de la comunidad hispana de Internet es http://www.lettera.net.
Abra el sitio y siga los pasos necesarios para registrar una cuenta. Siempre le pedirán un nombre de usuario, una contraseña y algunos datos más. Los datos que son obligatorios suelen estar marcados con un asterisco.

② Abrir un buzón

Vaya a la página principal y elija **Acceso a tu correo**. Ponga su identificador/nombre de usuario y la contraseña. Pulse **Entrar**.

③ Enviar un mensaje

Haga clic en la función **Escribir** o **Crear mensaje**.
En la línea **Destinatario**, escriba la dirección de la persona a la que quiere enviar un mensaje.
En la línea **Tema** o **Asunto** escriba un resumen del contenido del mensaje.
En el espacio en blanco, escriba el texto.
Una vez terminado, haga clic en el botón **Enviar**.

④ Leer los mensajes recibidos

Sitúese sobre el mensaje recibido que quiere leer (está en **Bandeja de entrada**) y ábralo.

⑤ Contestar a un mensaje

Escoja la opción **Responder**.
La dirección del destinatario aparece ya escrita así como una copia de la carta recibida. Se puede escribir a continuación, entre las líneas, o simplemente borrarlo.

⑥ Concertar una cita con su compañero/a

Escriba un mensaje a su compañero para concertar una cita el día 15 de septiembre a las 18:30 en la puerta de su empresa.
Su compañero le responde: propone otro día y otra hora porque ya tiene otro compromiso.

Internet

VIAJANDO EN METRO

La taquilla

El billete sencillo

El metrobús

El abono mensual

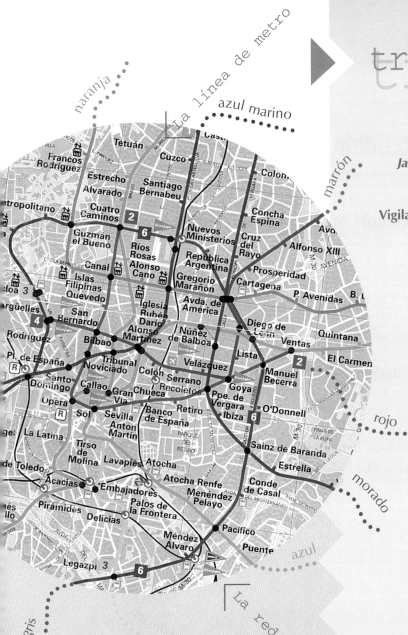

naranja

azul marino

La línea de metro

marrón

Tetuán
Cuzco
Colon
Francos Rodríguez
Estrecho
Alvarado
Santiago Bernabeu
Concha Espina
etropolitano
Cuatro Caminos
2
Nuevos Ministerios
Cruz del Rayo
Avd.
Guzmán el Bueno
6
Ríos Rosas
República Argentina
Alfonso XIII
Canal
Alonso Cano
Gregorio Marañón
Prosperidad
Cartagena
Islas Filipinas
Quevedo
Iglesia
P. Avenidas
B.
loa 3
Rubén Darío
Avda. de América
Diego de León
Quintana
güelles
San Bernardo
Alonso Martínez
Núñez de Balboa
Ventas
Rodríguez
Bilbao
Lista
El Carmen
Pl. de España
Tribunal Noviciado
Velázquez
2
Santo Domingo
Colón Serrano Recoletos
Manuel Becerra
Ópera
Callao
Gran Vía
Chueca
Goya
Ppe. de Vergara
O'Donnell
rojo
ge
Sol
Sevilla
Banco de España
Ibiza
6
La Latina
Antón Martín
Retiro
de Toledo
Tirso de Molina
Lavapiés
Atocha
Sainz de Baranda
Ácacias
Embajadores
Atocha Renfe
Estrella
Pirámides
Menéndez Pelayo
Conde de Casal
llo
Delicias
Palos de la Frontera
morado
Méndez Alvaro
Pacífico
Legazpi 3
6
Puente
azul

La red

gris

Entrando en materia

Conteste.

1. ¿Cuántos tipos de billetes de metro hay?

2. Cada línea de metro tiene un color diferente. ¿De qué color son las líneas 2, 3, 4 y 8?

3. ¿Cuántas líneas pasan por la estación Avenida de América?

4. Usted está en la estación Atocha Renfe (línea 1) y quiere ir a la estación Retiro (línea 2): ¿en qué estación va a hacer transbordo?

Javier: Buenos días. Eh... ¿para ir a la estación de Nuevos Ministerios?

Vigilante: ¿Va a ir en metro?

J.: Sí.

V.: A ver, venga conmigo..

J.: Gracias, usted dirá.

V.: Mire, estamos en Atocha Renfe. Tiene que tomar la línea 1 dirección Plaza de Castilla, que es la azul celeste, y descender en Tribunal, que serían 1, 2, 3, 4, 5, 6 estaciones... En Tribunal hace transbordo y toma la línea 10 dirección Fuencarral y desciende en Nuevos Ministerios, que serían 1, 2, 3: la tercera estación.

J.: A ver... línea 1 hasta Tribunal y luego la línea 10 hasta Nuevos Ministerios.

V.: Eso es. Allí tiene las taquillas. Le pueden proporcionar un plano de la red.

J.: Muy bien.

V.: ¿Va a ir a menudo en metro?

J.: Yo no.

V.: Se lo digo porque tiene metrobús, que son diez viajes y, aparte de que sale más barato, sirve tanto para el metro como para el autobús.

J.: Muy bien, gracias. Buenos días.

V.: Adiós.

¿Ha comprendido bien?

Elija la respuesta correcta.

1. **Javier Tostado está en la estación de**
   - a) Atocha Renfe.
   - b) Plaza de Castilla.

2. **Para ir a la estación de Nuevos Ministerios tiene que tomar la línea 1**
   - a) hasta Plaza de Castilla.
   - b) dirección Plaza de Castilla.

3. **Entre Atocha Renfe y Tribunal hay**
   - a) tres estaciones.
   - b) seis estaciones.

4. **En Tribunal, hace transbordo y toma la línea**
   - a) 10 hasta Nuevos Ministerios.
   - b) 3 hasta Nuevos Ministerios.

5. **El metrobús es un billete de 10 viajes y sirve para**
   - a) el metro.
   - b) el metro y el autobús.

Secuencia a secuencia

Ordene el diálogo de cada secuencia.

1. ....
2. ....
3. ....
4. ....

a
Sí.

b
¿Va a ir en metro?

c
Buenos días. Eh... ¿para ir a la estación de Nuevos Ministerios?

d
Mire, estamos en Atocha Renfe. Tiene que tomar la línea 1 dirección Plaza de Castilla, que es la azul celeste.

a Eso es. Allí tiene las taquillas. Le pueden proporcionar un plano de la red.

c A ver... línea 1 hasta Tribunal y luego la línea 10 hasta Nuevos Ministerios.

b Muy bien.

d En Tribunal hace transbordo y toma la línea 10 dirección Fuencarral y desciende en Nuevos Ministerios.

1. ....
2. ....
3. ....
4. ....

b ¿Va a ir a menudo en metro?

c Yo no.

d Adiós.

a Se lo digo porque tiene metrobús, que son diez viajes y sirve tanto para el metro como para el autobús.

1. ....
2. ....
3. ....
4. ....
5. ....

e Muy bien, gracias. Buenos días.

¡A escena!

En el metro.

¿Qué se dice para...?

- Preguntar el camino.
- Indicar el camino.

Observe el plano de la red de metro de la página 53.

Estudiante A. Pregunte a su compañero/a cómo se va de Sol a Goya.

Estudiante B. Conteste a la pregunta de su compañero/a.

1 Observe.

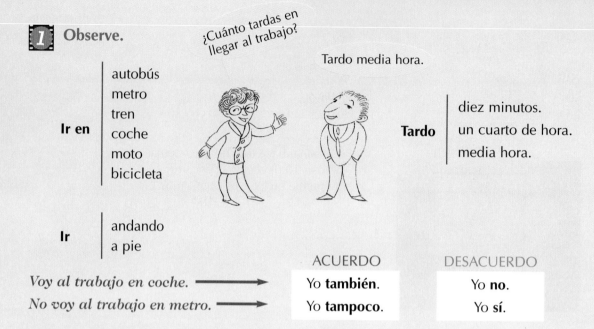

¿Cuánto tardas en llegar al trabajo?

Tardo media hora.

Ir en
- autobús
- metro
- tren
- coche
- moto
- bicicleta

Tardo
- diez minutos.
- un cuarto de hora.
- media hora.

Ir
- andando
- a pie

	ACUERDO	DESACUERDO
Voy al trabajo en coche. →	Yo **también**.	Yo **no**.
No voy al trabajo en metro. →	Yo **tampoco**.	Yo **sí**.

2 Escuche esta encuesta y marque con una X los medios de transporte mencionados.

andando	en autobús	en metro	en tren	en coche	en moto	en bicicleta

3 Hable con cuatro compañeros y complete este cuadro.

	1	2	3	4
¿Cómo va al trabajo?				
¿Cuánto tarda en llegar?				
¿Quién tarda más?				
¿Quién tarda menos?				

¿Cómo vais al trabajo?

Yo **cojo** el metro y ella **coge** el autobús.

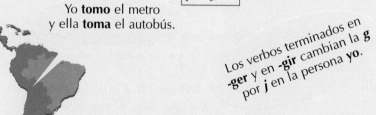

Yo **tomo** el metro y ella **toma** el autobús.

Los verbos terminados en **-ger** y en **-gir** cambian la **g** por **j** en la persona **yo**.

gramatical

EXPRESAR FRECUENCIA

4 Observe.

- **siempre**
- **casi siempre**
- **normalmente**
- **a menudo**
- **a veces**
- **casi nunca**
- **nunca**

+

−

**una vez,
dos/tres veces**
- al día
- a la semana/por semana
- al mes

todos/as
- los días, los lunes/martes…
- las semanas
- los meses
- los años

cada
- día, lunes/martes…
- semana
- mes
- año

¿Vas mucho
al cine?

5 Escuche esta conversación y escriba con qué frecuencia Reyes y Santi hacen las siguientes actividades.

	Reyes	Santi	Comp.
Coger el metro			
Comer en el restaurante			
Practicar deporte			
Limpiar la casa			
Ir al supermercado			
Ir de copas			
Bailar			
Cocinar			
Fregar los platos			

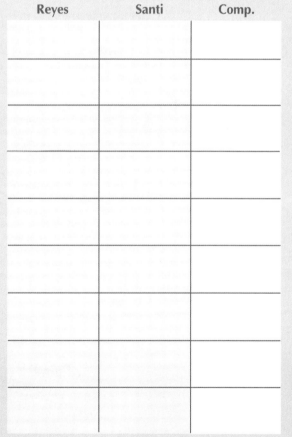

6 Ahora, haga la encuesta a su compañero/a y anote sus respuestas.

TENER QUE + INFINITIVO

> Es una perífrasis para expresar una obligación o necesidad personal.

 Observe.

(Yo)	**tengo**		**trabajar.**
(Tú/Vos)	**tienes/tenés**		**ir** a San Sebastián.
(Él/Ella/Usted)	**tiene**	**que**	**llamar** al director.
(Nosotros/as)	**tenemos**		**estar** en casa a las ocho.
(Vosotros/as)	**tenéis**		**llegar** pronto mañana.
(Ellos/Ellas/Ustedes)	**tienen**		**salir** antes de las ocho.

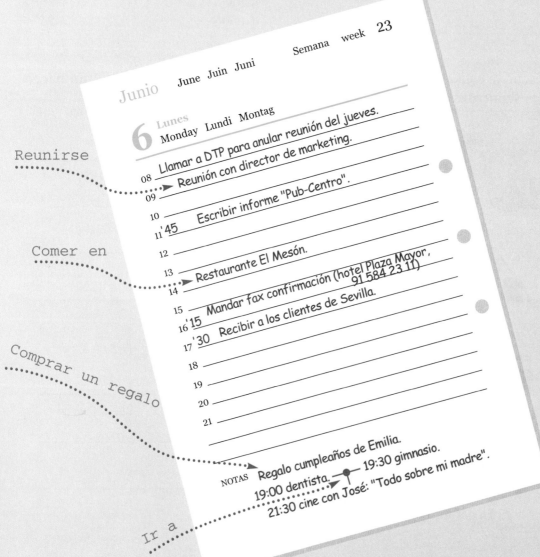

8 Observe la agenda de Amparo, la ayudante de Javier Tostado.
Hoy es viernes. ¿Qué tiene que hacer el lunes?

Semana week 23

Junio   June Juin Juni

6 Lunes
Monday Lundi Montag

Reunirse

08 ___ Llamar a DTP para anular reunión del jueves.
09 ___ ► Reunión con director de marketing.
10 ___ Escribir informe "Pub-Centro".
11 '45
12 ___
Comer en
13 ___ ► Restaurante El Mesón.
14 ___
15 ___ Mandar fax confirmación (hotel Plaza Mayor, 91 584 23 11)
16 '15
17 '30 Recibir a los clientes de Sevilla.
18 ___
19 ___
20 ___
Comprar un regalo
21 ___

NOTAS ► Regalo cumpleaños de Emilia.
19:00 dentista. ► 19:30 gimnasio.
21:30 cine con José: "Todo sobre mi madre".

Ir a

El lunes, a las ocho, tiene que llamar a DTP para anular una reunión.

gramatical

9 Escuche y complete.

a. No puede ir a la fiesta... ....
b. No llama nunca a su amigo... ....
c. No puede comer con su amiga... ....
d. No puede ir al cine esta noche... ....
e. Se va... ....
f. Por la tarde no puede jugar al tenis... ....

10

Estudiante A	Estudiante B
Invite a su compañero/a a realizar estas actividades. • Cenar esta noche en un chino. • Ir a ver el partido de fútbol el sábado. • Ir al cine el domingo por la tarde. Su compañero/a le propone realizar unas actividades. Usted no puede o no quiere. Ponga excusas.	Su compañero/a le propone realizar unas actividades. Usted no puede o no quiere. Ponga excusas. Ahora, invite a su compañero/a a realizar estas actividades. • Ir a una fiesta de cumpleaños. • Dar un paseo en bicicleta. • Hacer los ejercicios de español.

Algunas excusas.

Lo siento, no puedo, tengo que... trabajar - ir al aeropuerto - visitar a un compañero - salir con mi mujer/marido - ir a ver a mis padres - ir al supermercado - jugar al tenis con un amigo - llevar a los niños al colegio - preparar la cena.

• *¿Quedamos esta noche para cenar en un chino? / ¿Cenamos esta noche en un chino?*
◆ *Lo siento. No puedo, esta noche tengo que ir a ver a mis padres.*

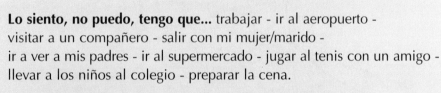

El acento en la palabra

1 Escuche y observe.

América	número	teléfono	república	crédito
informativo	autobús	México	mañana	Atlántico

2 Clasifique las palabras.

antepenúltima sílaba	penúltima sílaba	última sílaba
■■■	■■■	■■■

Aprenda las reglas.

1. Las palabras con acento en la antepenúltima sílaba se llaman **esdrújulas**.

2. Todas las palabras esdrújulas llevan acento escrito (tilde).

SE RUEDA

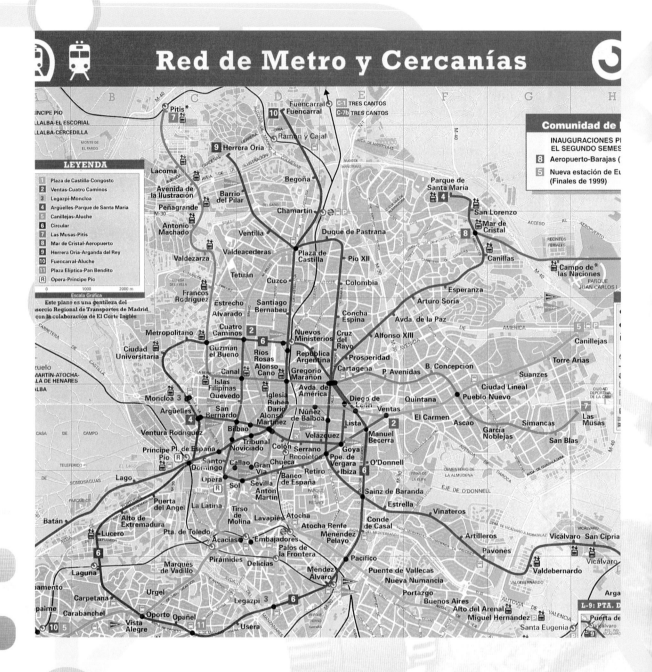

Red de Metro y Cercanías

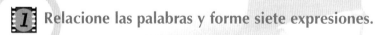

1 Relacione las palabras y forme siete expresiones.

- tomar
- dirección
- hacer
- bajar
- cinco
- la tercera
- ¿Para ir

- en la estación de Ópera
- paradas
- a Canillejas?
- transbordo
- estación
- la línea 5
- Cuatro Caminos

2 Observe el plano del metro y escuche.
¿A qué estación quieren ir José y Elena?

 3 Vuelva a escuchar la conversación. ¿Qué expresiones del ejercicio 1 ha oído?

 4 Ahora, lea el diálogo entre José y Elena. ¿Quién tiene razón?

Para indicar un itinerario puede emplear: el **presente de indicativo** o **"tener que + infinitivo"**.

Elena:	Vamos... deprisa. Son ya las dos y mis padres nos esperan para comer a las dos y cuarto.
José:	Sí... Sí... A ver... Tenemos que coger la línea 5 dirección Canillejas. Y luego son seis paradas.
Elena:	No, siete, siete paradas. Y bajar en Ópera.
José:	Sí... y allí cambiamos a la 2 y bajamos en Cuatro Caminos.
Elena:	José... Tú nunca te enteras, ¿eh? Después de Ópera son tres paradas.
José:	Que no... que son cuatro.
Elena:	Mira... Allí están las taquillas. Vamos a pedir un plano de la red. Y deprisa, que mis padres nos están esperando para comer.

5 Usted es el vigilante del metro. Explique el itinerario correcto a José.

6 Observe el plano. Hay un itinerario más corto. ¿Cuál es?

 7 *Después de comer Elena y su familia deciden ir a visitar el Museo del Prado (estación de Atocha, línea azul celeste).*

Estudiante A: explique a su compañero/a cómo se va.
Estudiante B: escuche a su compañero/a; luego, proponga otro itinerario.

Archivo

← Atrás

Dirección

Preguntar el camino

- ¿La estación de Sol,
- ¿Para ir a la estación de Nuevos Ministerios,
- ¿Cómo se va a la estación de Nuevos Ministerios,
- ¿Qué línea tengo que coger para ir a Chamartín,

por favor?

Explicar

• Tiene • Tienes	que	coger la línea 1 dirección Plaza de Castilla y bajar en Tribunal. cambiar a la línea 10. hacer transbordo.

• Toma • Tomas	la línea 10 y	desciende desciendes	en Nuevos Ministerios.

• Baja • Bajas	en la	primera segunda tercera cuarta quinta sexta séptima octava novena décima	estación.

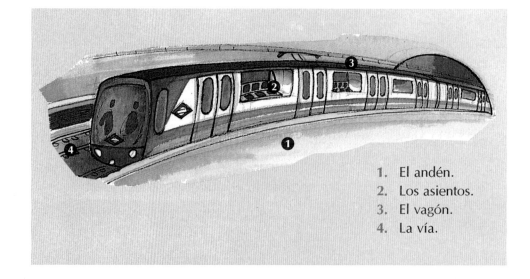

1. El andén.
2. Los asientos.
3. El vagón.
4. La vía.

Tareas en Internet

primer plano

Tarea: Usted viaja a Madrid y necesitará ir desde el aeropuerto hasta el centro de la ciudad en metro. Aprenda a consultar la página web del metro de Madrid, familiarícese con el léxico de los viajes en metro y conozca los distintos tipos de billetes.

Escoja el sitio www.metromadrid.es/index.html
Escoja la lengua (español) y **Red de metro**.

1   Descubrir la red

Pulse en **Red de Metro** para acceder al **Plano del Metro** de Madrid.
¿Cuántas líneas tiene el metro de Madrid?
Haga su propio recorrido: Aeropuerto-Sol.
¿Cuántas estaciones va a recorrer?
¿Cuántos transbordos tiene que hacer?

2   ¿Cuál es el mejor recorrido?

Escoja **Trayecto recomendado**.
Seleccione la estación de origen (**Aeropuerto**) y la estación de destino (**Sol**), y pulse sobre **Buscar**.
Ahora puede visualizar el trayecto recomendado y las características del mismo.
¿Hay sólo un trayecto?
¿Cuántas estaciones tiene que recorrer?
¿Cuánto tiempo se tarda en el recorrido?
¿Cuántos transbordos tiene que hacer?

3   Billetes y abonos

Escoja en el menú **Billetes y Abonos** y después **Billete y Metrobús**.
¿Cuánto vale un billete de metro sencillo?
¿Qué es un metrobús? ¿Dónde se puede comprar?
Escoja ahora **Abonos de transporte**.
¿Qué abono le corresponde?

CONOCIENDO UNA EMPRESA

Raúl Montero
PRESIDENTE

Fermín Gálvez
DIRECTOR GENERAL

Irene Sánchez
SECRETARIA EJECUTIVA

Luis Alonso
AYUDANTE

Alberto Díaz
DIRECTOR DE MARKETING

Marisa Campos
DIRECTORA FINANCIERA

Carlos López
DIRECTOR DE PRODUCCIÓN

Javier:	¡Fermín, Fermín, Fermín!
Fermín:	¡Javier! ¡Cuánto tiempo sin verte!
J.:	*¡Caballero! ¿Qué tal?*
F.:	Pero, ¿qué es de tu vida?
J.:	*Ya ves, he venido a verte, exclusivamente.*
F.:	Ven, que te quiero presentar a mis compañeros.
J.:	*Vamos.*
F.:	Mirad, chicos, os voy a presentar a Javier, estudiamos juntos en la Facultad...
	... Alberto, nuestro director de marketing.
J.:	*Encantado.*
Alberto:	Mucho gusto.
F.:	Te presento a Luis, mi ayudante.
Luis:	¡Hola!
J.:	*¡Hola! ¿Qué tal?*
Luis:	Me alegro de conocerlo.
F.:	E Irene, nuestra secretaria ejecutiva.
Irene:	Mucho gusto.
J.:	*Igualmente.*
Irene:	Y usted, ¿a qué se dedica?
J.:	*A la publicidad en general.*
F.:	Es director de la agencia K-OS-2000, en Barcelona.

Entrando en materia

Observe el organigrama y complete las frases.

Fermín:	Mira, te presento a Marisa, nuestra ....
Javier:	Encantado.
Marisa:	Mucho gusto.
Fermín:	Este es ...., nuestro .... de producción.
Javier:	....
Carlos:	Mucho ....
Fermín:	Te .... a ...., nuestra ....
Javier:	....
Irene:	....

¿Ha comprendido bien?

Elija la frase correcta.

(1) Cuando llega Javier, Fermín está
    a) hablando por teléfono.
    b) trabajando en el ordenador.

(2) Javier y Fermín son
    a) antiguos compañeros de trabajo.
    b) amigos de la Universidad.

(3) Javier presenta
    a) primero a Luis y luego a Alberto e Irene.
    b) primero a Alberto y luego a Luis e Irene.

(4) Alberto es
    a) el ayudante de Fermín.
    b) el director de marketing.

(5) Javier le dice a Alberto:
    a) Mucho gusto.
    b) Encantado.

(6) Irene es
    a) la secretaria ejecutiva.
    b) la directora.

Secuencias

Ordene el diálogo de cada secuencia.

c
¡Caballero! ¿Qué tal?

a
Mirad, chicos, os voy a presentar a Javier, estudiamos juntos en la Facultad.

b
¡Javier! ¡Cuánto tiempo sin verte!

1. ....
2. ....
3. ....

a Mucho gusto.

d Alberto, nuestro director de marketing.

f Te presento a Luis, mi ayudante.

b ¡Hola!

c ¡Hola! ¿Qué tal?

e Me alegro de conocerlo.

g Encantado.

1. ....
2. ....
3. ....
4. ....
5. ....
6. ....
7. ....

a E Irene, nuestra secretaria ejecutiva.

d A la publicidad en general.

b Mucho gusto.

e Y usted, ¿a qué se dedica?

c Igualmente.

1. ....
2. ....
3. ....
4. ....
5. ....

 **¡A escena!**

En presentaciones.

¿Qué se dice para...?

- **Saludar.**
- **Presentar.**
- **Reaccionar.**

Representen la siguiente secuencia:

Estudiantes A, B y C.

Estudiante A. Salude y presente a sus amigos B y C. Ellos no se conocen.

Estudiantes B y C. Reaccionen.

LOS PRONOMBRES

 1 Escuche cómo se presenta a estas personas en las diferentes situaciones.

1   Mire, **le** presento a la señora García

Mucho gusto.

Encantado.

3   Mira, **te** presento a mi amigo Julián.

Hola, ¿qué tal?

Hola.

2   **Les** presento a Claudia, nuestra secretaria.

Mucho gusto.

4   **Os** presento a Carmen, mi novia.

Hola.

Encantada.

 2 Fíjese en la posición de los pronombres.

(A ti/A vos)	**Te** presento	⎫
(A usted)	**Le** presento	⎬ a Javier.
(A vosotros/as)	**Os** presento	
(A ustedes)	**Les** presento	⎭

Quiero presentar**te** / **Te** quiero presentar ⎫
Quiero presentar**le** / **Le** quiero presentar ⎬ a Javier.
Quiero presentar**os** / **Os** quiero presentar
Quiero presentar**les** / **Les** quiero presentar ⎭

3 Complete los bocadillos de las tres primeras situaciones con los pronombres que faltan. Escriba el diálogo de la situación 4.

1   Mira, Carlos, quiero presentar...... a mi hermana Pilar.

Encantada.

Mucho gusto.

3   Señor González, ... presento a Soledad Campo.

Igualmente.

Mucho gusto.

2   Mirad, chicos, quiero presentar ...... a Natalia.

Hola, ¿qué tal?

Encantado.

4

Sra. Ruiz

Sra. López

Sr. Montes

gramatical

LOS POSESIVOS

 Observe.

<table>
<tr><th></th><th colspan="2">MASCULINO</th><th colspan="2">FEMENINO</th></tr>
</table>

SINGULAR

¿De quién es este libro?		¿De quién es esta llave?	
Es **mi** libro.	Es (el) **mío**.	Es **mi** llave.	Es (la) **mía**.
Es **tu** libro.	Es (el) **tuyo**.	Es **tu** llave.	Es (la) **tuya**.
Es **su** libro.	Es (el) **suyo**.	Es **su** llave.	Es (la) **suya**.
Es **nuestro** libro.	Es (el) **nuestro**.	Es **nuestra** llave.	Es (la) **nuestra**.
Es **vuestro** libro.	Es (el) **vuestro**.	Es **vuestra** llave.	Es (la) **vuestra**.
Es **su** libro.	Es (el) **suyo**.	Es **su** llave.	Es (la) **suya**.

PLURAL

¿De quién son estos libros?		¿De quién son estas llaves?	
Son **mis** libros.	Son (los) **míos**.	Son **mis** llaves.	Son (las) **mías**.
Son **tus** libros.	Son (los) **tuyos**.	Son **tus** llaves.	Son (las) **tuyas**.
Son **sus** libros.	Son (los) **suyos**.	Son **sus** llaves.	Son (las) **suyas**.
Son **nuestros** libros.	Son (los) **nuestros**.	Son **nuestras** llaves.	Son (las) **nuestras**.
Son **vuestros** libros.	Son (los) **vuestros**.	Son **vuestras** llaves.	Son (las) **vuestras**.
Son **sus** libros.	Son (los) **suyos**.	Son **sus** llaves.	Son (las) **suyas**.

 Relacione. Luego, escuche la grabación y compruebe.

- Mi trabajo es muy interesante.
- Tu marido trabaja en K-OS-2000, ¿no?
- Nuestra oficina es muy grande.
- Este libro es de Javier, ¿no?
- ¡Mis gafas! ¿Dónde están mis gafas?
- Señor Pozo, ¿es suya esta cartera negra?
- ¿Cuáles son vuestros apellidos?
- ¿Cogemos tu coche para ir al restaurante?

- Tranquilo, están aquí, están aquí.
- Sí, ¿y el tuyo?
- No, el tuyo. El mío está en el taller.
- Pues el mío, López, y el suyo, Aranda.
- No, la mía es marrón.
- ¡Qué suerte! La nuestra es muy pequeña.
- Pues el mío no.
- No, no es suyo. Es de Pilar.

 En grupos de cinco. Pongan varios objetos suyos en la mesa: llave(s), moneda(s), bolígrafo(s), libro(s), chicle(s), foto(s), agenda(s)…
Por turnos, cojan varios objetos y pregunten de quién es cada uno. Contesten.

- *¿De quién son las llaves?*
- *Son mías.*
- *No, son mías, las llaves negras son mías.*
  Las tuyas son azules. Mira, aquí están.

LOS ADJETIVOS

7 Lea los textos e identifique a los personajes.

1 *Lola Moreno*, la telefonista.
Tiene 20 años.
Es rubia y tiene el pelo corto.
Es alta y delgada.
Es simpática, optimista,
trabajadora y muy amable.
Siempre está de buen humor.

3 *Lorenzo Urrubieta*, el director
comercial. Tiene 47 años.
Es delgado, moreno y lleva barba.
Es un poco orgulloso y tímido
pero es muy inteligente
y trabajador. Es optimista, pero
a veces está triste.

2 *Daniel Castaños*, el contable.
Tiene 25 años. Es rubio, alto
y un poco gordito.
Es atento, amable y muy serio.

4 *Andrea Esquerdo*, la directora
general. Tiene 42 años.
Es morena. Lleva el pelo largo
y gafas. Es baja. Es inteligente,
sociable y muy exigente.
Siempre está contenta.

8 Fíjese.

Tiene	el pelo corto/largo. 25 años.
Lleva	el pelo corto/largo. gafas. barba.

Es	alto/a. moreno/a. rubio/a. inteligente. orgulloso/a. tímido/a. atento/a.
Está	de buen/mal humor. contenta. triste.

9 Clasifique los adjetivos de los textos en el cuadro.

	masculino	femenino
Pelo	*moreno,*	
Constitución		
Estatura		*alta,*
Carácter		*sociable,*

10 Ahora, complete el cuadro.

masculino	femenino	ejemplos
-o	-o ▶ -a	*alto, alta*
-or		
-ista, -e		

11 Escuche cómo Marisa presenta a sus compañeros a la nueva telefonista y complete el cuadro.

	Pelo	Estatura	Corpulencia	Carácter
Silvia				
Sergio				
Victoria				
Miguel				

12 ¿Cómo son? Vuelva a mirar el vídeo, observe a los personajes y descríbalos físicamente.

El ac⊜nto en la pal@bra

1 Escuche y observe.

■■■■

fácil	López	autobús	están	Panamá
Víctor	Félix	café	aquí	Perú

Aprenda las reglas.

- ¿Qué palabras llanas llevan tilde?
  Las que acaban en **consonante** (excepto **n** y **s**): fácil, Víctor, López.
- ¿Qué palabras agudas llevan tilde?
  Las que acaban en **vocal**, **-n** y **-s**: café, están, autobús.

2 Escuche y escriba la tilde en las palabras que la necesiten.

ordenador	despacho	frances	detras	Japon	Bogota	Beatriz
escribis	delante	futbol	taxi	aleman	Jose	maletin

1 K-OS-2000 quiere abrir una sucursal en Madrid y ha publicado varias ofertas de empleo en la prensa. Aquí tiene algunas.

En grupos de cuatro: complétenlas con el vocabulario de la lista. Luego, comparen sus respuestas con las de otro grupo.

- *Pensamos que la telefonista tiene que ser amable y discreta.*
- *Sí, y muy simpática, también.*

EMPRESA DE PUBLICIDAD SELECCIONA
Telefonista

- Excelente presencia.
- Conocimientos de inglés.
- Características personales: ....

Las personas interesadas deben enviar CV
con foto reciente a **K-OS-2000**.
C/ Rosselló, 55. 08029 Barcelona.

EMPRESA DE PUBLICIDAD SELECCIONA
Representante

- Experiencia en ventas.
- Características personales: ....
- Coche de empresa.

Las personas interesadas deben enviar CV
con foto reciente a **K-OS-2000**.
C/ Rosselló, 55. 08029 Barcelona.

EMPRESA DE PUBLICIDAD SELECCIONA
Secretaria bilingüe español / inglés

- Perfectamente bilingüe.
- Dominio de la informática
  (procesador de texto) e Internet.
- Características personales: ....

Las personas interesadas deben enviar CV
con foto reciente a **K-OS-2000**.
C/ Rosselló, 55. 08029 Barcelona.

- aptitudes para las relaciones públicas.
- capacidad para negociar.
- disponibilidad para viajar.
- excelente presencia.
- iniciativa.
- abierto/a.
- ordenado/a.
- intuitivo/a.
- simpático/a.
- serio/a.
- enérgico/a.
- responsable.
- organizado/a.
- amable.
- sociable.
- comunicativo/a.
- discreto/a.
- dinámico/a.
- independiente.

EMPRESA DE PUBLICIDAD SELECCIONA
Director de sucursal

- Titulado universitario.
- Experiencia mínima de siete años.
- Características personales: ....

Las personas interesadas deben enviar CV
con foto reciente a **K-OS-2000**.
C/ Rosselló, 55. 08029 Barcelona.

Hoy es la inauguración de la sucursal y los nuevos empleados están llegando a la fiesta.

Lea estas pistas y complete el cuadro. Luego localice a cada persona en la ilustración.

- Virginia es baja y rubia.
- El señor de bigote es rubio y bajo.
- El señor de gafas es rubio y alto.
- La mujer delgada y morena es baja.
- La mujer morena de gafas es alta y gorda.
- Mariano es moreno.
- Felisa es rubia y lleva gafas.

- La mujer baja y morena se llama Sonsoles.
- La mujer baja y rubia es gordita.
- El señor moreno es alto y delgado.
- Matías es gordo, rubio y lleva gafas.
- La mujer alta y gorda se llama Mari Luz.
- Víctor es gordo y lleva bigote.
- La mujer rubia de gafas es alta y delgada.

Nombre	Estatura	Corpulencia	Pelo	Otra característica

 Ahora, escuche las descripciones y compruebe sus respuestas.

 En grupos de tres. Escriban los diálogos en los bocadillos y representen la situación.

aprendiendo
EL GUIÓN

Archivo

← Atrás

Dirección

Saludar a un amigo

- ¡Fermín, cuánto tiempo sin verte!
- Me alegro de verte.
- ¿Qué es de tu vida?

Presentar a alguien

+ FORMAL

- Le/Les presento a | mis compañeros.
                     | la señora Fernández.

- ¿Conoce a Cristina?   Es nuestra secretaria.

- (Mire), esta es Irene, una amiga mía.   Estudiamos juntos en la Facultad.

– FORMAL

- Te/Os presento a | mis compañeros.
                   | la señora Fernández.

- ¿Conoces a Cristina?   Es nuestra secretaria.

- (Mira), esta es Irene, una amiga mía.   Estudiamos juntos en la Facultad.

Contestar a una presentación

+ FORMAL

- Encantado/a.
- Mucho gusto.
- Me alegro de conocerle/la.
- Mucho gusto en conocerle/la.

- ◆ *Igualmente.*
- ◆ *Lo mismo digo.*
- ◆ *El gusto es mío.*
- ◆ *Encantado/a.*

– FORMAL

- ¡Hola!, ¿qué tal?
- ¡Hola! Me alegro de conocerte.

- ◆ *Hola.*
- ◆ *Igualmente.*
- ◆ *Lo mismo digo.*

Dar un abrazo.

Estrechar la mano.

Dar un beso.

Tareas en Internet

La empresa ideal

Tarea: Usted quiere mejorar el entorno de trabajo de su empresa para evitar riesgos.
Infórmese sobre el tema y familiarícese con el léxico.

Escoja el sitio http://www.upv.es/ofi/config1.htm
En la página principal seleccione **Riesgos** y luego el **Cuadro resumen**.

(1) Las características del trabajo
Según este cuadro resumen, ¿cuáles son los factores que hay que considerar en cuanto al entorno de trabajo o las condiciones ambientales?

(2) Los elementos que perturban el trabajo
¿Qué se debe evitar con las fuentes de luz?
¿Qué se debe hacer para que no haya ruido?
¿Qué hay que evitar en el uso de los equipos de climatización?

(3) Los posibles daños para la salud
¿Qué daño físico puede acarrear una mala iluminación?
¿Qué molestias intelectuales puede producir un mal uso de la climatización?
¿Qué perturbaciones provoca el ruido?

(4) Conclusión
¿Cumple su empresa estas condiciones?

Internet

COMIENDO EN UN RESTAURANTE

El café

La camarera

El plato

El pan

La copa

La tortilla española

Las frutas

El helado

Entrando en materia

Observe la carta del restaurante y conteste a las preguntas.

1. Primeros platos: ¿cuáles se toman fríos?

2. Segundos platos: ¿cuáles son de pescado?

3. ¿Cuál de los postres es muy frío?

4. Señale dos platos típicos españoles conocidos internacionalmente.

transcripción

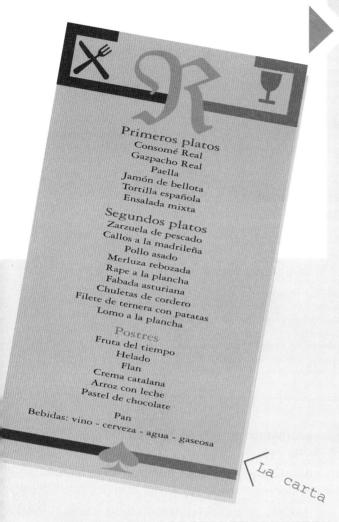

La carta

Primeros platos
Consomé Real
Gazpacho Real
Paella
Jamón de bellota
Tortilla española
Ensalada mixta

Segundos platos
Zarzuela de pescado
Callos a la madrileña
Pollo asado
Merluza rebozada
Rape a la plancha
Fabada asturiana
Chuletas de cordero
Filete de ternera con patatas
Lomo a la plancha

Postres
Fruta del tiempo
Helado
Flan
Crema catalana
Arroz con leche
Pastel de chocolate

Pan
Bebidas: vino – cerveza – agua – gaseosa

A

Javier:	Normalmente no hace falta que esperes los permisos; los solicitas...
Fermín:	Ya, es que hubo un lío aquí, en Madrid...

B

Carmen:	¡Hola!
Fermín:	¡Hola!
J.:	Hola.
C.:	¿Qué tal? A ver, ¿han elegido ya?
J.:	No, todavía no, un momento. El consomé real ¿qué lleva, por favor?
C.:	Sí, mire, es una sopa que lleva huevo, lleva pollo, lleva jerez...
J.:	No, no, no me gusta el pollo. Pues me va a traer una ración de jamón de bellota.
C.:	Muy bien.
F.:	Y para mí, Carmen, me traes una paella, que es la especialidad de la casa.
C.:	Mmm. Paella. ¿Y de segundo?
J.:	Lomo a la plancha muy hecho.
C.:	Lomo muy hecho.
F.:	Y yo... unos callitos a la madrileña.
J.:	¡Qué rico!
F.:	Ya te dejaré mojar un barquito, como cuando eras pequeño.

C.:	¿Y de beber?
F.:	Pues nos vas a traer un tinto reserva, ¿te parece bien?
J.:	¡Ah, estupendo!
C.:	¿De la casa?
F.:	Sí.
C.:	Muy bien. Gracias.
F.:	Gracias a ti.
J.:	*No, la verdad es que es lo de siempre...*

C

J.:	*Estoy que no puedo más, ¿eh?*
F.:	Pero, ¿qué tal está el lomo?
J.:	*¡Jo! Riquísimo.*
F.:	¡Bua! Aquí cocinan de muerte: hacen una fabada, paella...

D

J.:	*Y nada, pues adaptándonos al... al euro.*
F.:	Hombre, cuéntanoslo a nosotros, que llevamos dos semanas con cola...
C.:	Bueno, han terminado ya, ¿verdad?
F.:	Sí, sí, gracias.
C.:	¿Van a tomar algo de postre?
F.:	No, Carmen, a mí me traes un café con leche, por favor.
C.:	Muy bien, ¿y usted?
J.:	*Yo sí, eh.... ¿tienen helado?*
C.:	Sí, por supuesto. Mire, tenemos de fresa, de bombón, de café, de nata, vainilla y limón.
J.:	*Bombón.*
C.:	Buen gusto. Muy bien.
J.:	*Gracias.*
F.:	Bueno, ¿qué tal has comido?
J.:	*Estupendamente, la verdad es que estaba todo muy rico.*

J.:	*Pues lo bueno que tiene pagar en euros es que pagas como más poquito.*
F.:	Mira esto: esto son 3.000 pesetas y serán 20 ó 25 euros.
J.:	*¿3.000 pesetas? Eso es que te conocen aquí...*
	¡Por favor! ¿Me trae la cuenta?
F.:	No, no, no, estás en mi terreno, pago yo. Carmen, si eres tan amable ¿me pones la cuenta?
J.:	*Bueno, pues una botellita de cava sí me vas a aceptar.*
F.:	Pero luego, luego, después de... de salir.

¿Ha comprendido bien?

Elija la frase correcta.

1 **De primero Javier va a tomar**
       a) consomé real.
       b) jamón de bellota.

2 **De segundo, ¿quién va a tomar lomo?**
       a) Fermín.
       b) Javier.

3 **¿Qué van a beber?**
       a) Vino tinto.
       b) Agua.

4 **De postre**
       a) Javier va a tomar un helado de bombón y Fermín
          un helado de café.
       b) Javier va a tomar un helado de bombón y Fermín
          un café con leche.

5 **¿Quién paga?**
       a) Javier.
       b) Fermín.

Secuencias

Ordene el diálogo de cada secuencia.

c Y para mí, Carmen, me traes una paella, que es la especialidad de la casa.

a A ver, ¿han elegido ya?

1. ....
2. ....
3. ....
4. ....

b Pues me va a traer una ración de jamón de bellota.

e No, todavía no, un momento.

b ¿Y de segundo?

c Lomo a la plancha muy hecho.

1. ....
2. ....
3. ....

a Y yo... unos callitos a la madrileña.

a No, Carmen, a mí me traes un café con leche, por favor.

1. ....
2. ....
3. ....
4. ....

b Muy bien, ¿y usted?

c Yo sí, eh... ¿tienen helado?

d ¿Van a tomar algo de postre?

1. ....
2. ....

b ¡Por favor! ¿Me trae la cuenta?

a No, no, no, estás en mi terreno, pago yo.

¡A escena!

En el restaurante.

¿Qué se dice para...?

- Pedir la comida.
- Opinar sobre un plato.
- Pedir la cuenta.

En grupos de tres. Representen la siguiente secuencia. Hoy van a comer en un restaurante. ¿Qué van a pedir?

De primero, de segundo, de postre, para beber.

EXPRESAR GUSTOS

 Observe.

(A mí)
(A ti/*vos*)
(A él/ella/usted)
(A nosotros/as)
(A vosotros/as)
(A ellos/ellas/ustedes)

| me |
| te |
le	gusta	la paella/el lomo. *(Sustantivo singular.)*
nos		ir al restaurante. *(Infinitivo.)*
os	gustan	los callos/el gazpacho y la paella.
les		*(Sustantivo plural.)*

Me encanta/n.   **+**
Me gusta/n mucho.
Me gusta/n.
No me gusta/n.   **−**
No me gusta/n nada.

No me gusta mucho la paella.

A mí me encanta.

2 **Escuche las preguntas a Laura y Nacho y anote las respuestas. Después, pregunte sus gustos a su compañero/a y rellene la última columna.**

	A Laura	A Nacho	A su compañero/a
Cocinar			
La comida china 			
El frío 			
Leer			
Hacer deporte			
Navegar por Internet			

Acuerdo		Desacuerdo	
☺ Me gusta bailar.	☺ A mí también.	☺ Me gustan los gatos.	☹ A mí no.
☹ No me gusta el café.	☹ A mí tampoco.	☹ No me gusta el pescado.	☺ A mí sí.

3 Estas personas han escrito a la ciberagencia *@mig@s on line* para hacer nuevos amigos. Lea sus fichas.

GUADALUPE

Le gusta/n: los gatos, leer, salir de copas, cocinar, ir de tiendas.

No le gusta/n: los ordenadores, el fútbol, hablar de política, estar sola en casa.

EMILIO

Le gusta/n: los animales, el teatro, salir por la noche, estar con sus amigos.

No le gusta/n: cocinar, ver la tele, el deporte, coger el metro.

PATRICIA

Le gusta: hacer puenting, la playa, comprar ropa, estar con sus amigos, comer en el restaurante, hablar por teléfono durante horas.

No le gusta/n: los ordenadores, hablar de política, trabajar los fines de semana, estar sola los sábados por la noche, la gente egoísta.

FERNANDO

Le gusta/n: los coches deportivos, los viajes, el deporte, bailar, la música «tecno», las grandes ciudades.

No le gusta/n: los videojuegos, la soledad, los perros, el fútbol, leer, limpiar la casa.

JOSÉ

Le gusta: el silencio, ir al campo, la música clásica, el yoga.

No le gusta/n: los teléfonos móviles, salir por la noche, fumar, la música «bakalao», hablar, acostarse tarde.

SUSANA

Le gusta/n: las vacaciones, los libros de ciencia-ficción, cocinar para sus amigos, ver escaparates, hacer amigos, hablar.

No le gusta/n: el desorden, la cerveza, trabajar los fines de semana, limpiar.

4 *La directora de @mig@s on line ha introducido toda la información en el Ciberlove, el ordenador de la agencia. Este ha formado algunas parejas de amigos compatibles.*

¿Cuáles son esas parejas? ¿Qué personas son incompatibles?

5 Complete usted también una ficha. Hable con sus compañeros y encuentre a dos con los mismos gustos que usted.

EL PRETÉRITO PERFECTO DE INDICATIVO

6 Observe.

(Yo)	**he**
(Tú/*Vos*)	**has/habés**
(Él/Ella/Usted)	**ha**
(Nosotros/as)	**hemos**
(Vosotros/as)	**habéis**
(Ellos/Ellas/Ustedes)	**han**

hablado (hablar)
comido (comer)
dormido (dormir)

PARTICIPIOS IRREGULARES

abrir	► abierto	poner	► puesto
decir	► dicho	romper	► roto
escribir	► escrito	ver	► visto
freír	► frito	volver	► vuelto
hacer	► hecho		

Pretérito perfecto + esta mañana/tarde, hoy…

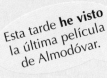

Esta tarde **he visto** la última película de Almodóvar.

7 ¿Qué ha hecho Agustín hoy? Relacione las ilustraciones con los textos.

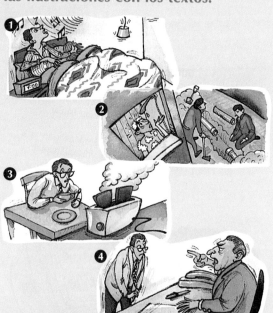

a. Antes de acostarse ha visto un poco la tele.

b. Se ha duchado.

c. Ha comido con sus compañeros.

d. Por la tarde ha escrito un informe.

e. Se ha despertado a las siete.

f. Ha desayunado.

g. Ha hablado con su jefe.

gramatical

8 Hable con tres compañeros. ¿Quién ha hecho este mes algunas de las siguientes cosas?

- Ver una película excelente. ....
- Hacer gimnasia. ....
- Coger un avión. ....
- Celebrar un cumpleaños. ....
- Volver muy tarde a casa. ....
- Llegar tarde al trabajo. ....
- Escribir a un amigo. ....
- Estar enfermo/a. ....
- Leer el periódico. ....
- Ir de compras. ....

¿Quién ha visto una película excelente?

9 Escuche estas conversaciones en las que unas personas hablan de lo que han hecho y complete el cuadro.

¿Cuándo?	¿Qué ha/n hecho?
Esta semana	*No ha ido a trabajar*
....	....
....	....
....	....
....	....

El ac©nto en la pal@bra

1 Escuche la cinta y subraye la sílaba fuerte.

consome	caracter	aqui	personas	pelicula
sabado	lunes	facultad	atento	limon
musica	pagina	taller	cajon	jamon
mantel	arroz	azul	dinamico	especialidad
chuleta	vagon	riquisimo	movil	jefe

2 Ponga la tilde en las palabras que la necesiten.

....
....
....
....

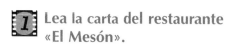

SE RUEDA

1 Lea la carta del restaurante «El Mesón».

2 *Olga y Ricardo van a cenar a El Mesón.*

Escuche la conversación en el restaurante y elija la respuesta correcta.

A Ricardo
- a le encantan los mejillones.
- b no le gustan los mejillones.
- c le gustan un poco los mejillones.

El puré de verduras lleva
- a zanahorias, cebollas y puerros.
- b zanahorias, cebollas y tomates.
- c pepinos, cebollas y puerros.

Ricardo quiere las chuletas
- a muy poco hechas.
- b poco hechas.
- c muy hechas.

Restaurante
El Mesón

MENÚ DEL DÍA

Primeros platos
Sopa marinera
Puré de verduras
Espárragos
Gazpacho
Pisto
Paella

Segundos platos
Ternera asada
Pollo al ajillo
Chuletas de cordero
Merluza a la romana
Parrillada de pescados

Postres
Fruta del tiempo
Fresas con nata
Arroz con leche
Helado
Tarta de queso

Pan
Bebidas: vino - cerveza - agua - gaseosa

Precio 1.500 pesetas/9 euros
(IVA incluido)

3 ¿Qué piden? Complete el cuadro.

	Olga	Ricardo
De primero		
De segundo		
De postre		
Para beber		

"Pedir" y "elegir" cambian la e por i. «Traer» es irregular en la primera persona: "yo traigo", "tú traes"...

4 Aquí tiene parejas de frases de significado equivalente. Vuelva a escuchar la conversación e indique con una X cuál de las dos oye.

1   **a.** ¿Han elegido ya? ☐
     b. ¿Han escogido ya? ☐

4   **a.** ¿Qué les traigo para beber? ☐
     b. ¿Y para beber? ☐

2   **a.** Como primer plato tomaré... ☐
     b. De primero tomaré... ☐

5   **a.** ¿Qué quieren de postre? ☐
     b. ¿Qué van a tomar de postre? ☐

3   **a.** Ya no queda, lo siento. ☐
     b. Ya no hay, lo siento. ☐

6   **a.** Quiero un café con leche. ☐
     b. ¿Me trae un café con leche? ☐

5 Observe a estos cuatro clientes del restaurante.
¿Con qué frase se corresponde la reacción de cada uno?

¡Mmm! ¡Qué rica!

Están crudas.

Está frío.

Está muy salada.

- Bueno, de primero tomaré un puré de verduras.
Pero muy caliente, por favor.

- A mí me trae merluza. Pero con poca sal.

- Bueno... Pues me trae chuletas de cordero.
Muy hechas, muy hechas y con patatas, por favor.

- ¿Cuál es la especialidad de la casa?
Paella. Está muy buena. Le va a gustar mucho.

6 En grupos de tres. Representen esta escena en el restaurante «El Mesón».

Estudiante 1: Mire la carta. Pregunte al/a la camarero/a por la especialidad de la casa. Elija los platos. La comida le gusta mucho y reacciona positivamente.

Estudiante 2: Mire la carta. Pregunte al/a la camarero/a los ingredientes que llevan algunos platos y elija uno. No está satisfecho/a con la comida.

Estudiante 3: Usted es el/la camarero/a. Atienda a los clientes.

Archivo

← Atrás

Dirección

En un restaurante

| • ¿Han elegido ya? | ◆ *Sí.* |
| | ◆ *No, todavía no.* |

• ¿(Qué van a tomar) de primero?	◆ *Yo,*	*gazpacho.*
	◆ *Para mí,*	*tortilla.*
	◆ *A mí me trae*	*paella.*

• ¿(Qué van a tomar) de segundo?	◆ *Filete de ternera.*	*muy hecho.*
	◆ *Pollo.*	*poco hecho.*
	◆ *Arroz a la cubana.*	

• ¿(Qué van a tomar) de postre?	◆ *Helado.*
	◆ *Tarta de manzana.*
	◆ *Flan de coco.*

| • ¿Y para beber? | ◆ *Agua / Agua con gas.* |
| | ◆ *Vino* | *tinto/blanco/rosado/de la casa.* |

Pedir al/a la camarero/a

• ¿Me/Nos trae	una servilleta,	
	sal,	
	más	pan, agua, vino,	por favor?
	otra botella de agua,	

Preguntar sobre un plato

| • ¿Qué es | la fabada? |
| • ¿Qué lleva | el consomé real? |

| • ¿Qué son | los callos a la madrileña? |
| • ¿Qué llevan | las albóndigas? |

Pedir la cuenta

• La cuenta, por favor.
• ¿Me trae la cuenta, por favor?

1. La propina.
2. La jarra de agua.
3. La copa.
4. La sal y la pimienta.
5. La cuchara.
6. El cuchillo.
7. El tenedor.
8. La cucharita.
9. La servilleta.
10. El mantel.
11. El plato.

En el supermercado virtual

Adelante   Detener   Actualizar   Inicio   Búsqueda   Favoritos   Correo   Imprimir

http://www.elcorteingles.es/   Ir a

Tarea: Usted necesita hacer la compra para tener comida para una semana. Quiere que le lleven el pedido a su domicilio y no quiere pagar nada por el envío. Por eso, tiene que llenar la cesta de productos hasta llegar al límite del envío gratuito (15.000 pesetas). Familiarícese con el mundo de las compras por Internet y simule una compra en el supermercado. Aprenda el léxico de los diferentes productos alimenticios.

Escoja el sitio http://www.elcorteingles.es/

1) El supermercado
Escoja en la página principal **Supermercado**.
Escoja **Invitado**; de esta manera podrá llenar la cesta de la compra sin comprar «realmente».
Pulse sobre **Visitar supermercado**.

2) Visita de las diferentes secciones
Escoja **Seleccione un departamento**.
Aquí encontrará: **ultramarinos**, **charcutería y quesos**, **lácteos y huevos**, **pastelería**, **dulces, pan y galletas**, **alimentos infantiles**, **alimentos dietéticos**, **congelados**, **bebidas refrescantes y zumos**, **vinos y licores**, **frutas y verduras**, **carnicería**, **pescadería**, **droguería y limpieza**, y **alimentos para animales**.
Escoja la sección de los productos que quiere comprar.
Seleccione la sección de productos que quiere y pulse sobre **Ver productos**.
Si lo quiere comprar, escriba con números la cantidad que quiere del producto y pulse sobre **Añadir a la cesta**.

3) La cesta de la compra
Escoja en el menú **Ver cesta de la compra**. Aquí aparecen en detalle los productos que ha puesto en la cesta.
Si se modifica algún dato de la cesta hay que pulsar **Actualizar**.
¿Cuánto dinero tiene que gastarse para que el envío sea gratuito?
Si quiere sacar de la cesta algún producto, selecciónelo y pulse sobre **Borrar**.
¿Tiene posibilidad de anular el pedido? ¿Cómo?

4) Realizar el pedido
Vaya al final de la página y escoja **Tramitar pedido**.
¿Puede usted hacer este pedido realmente? ¿Por qué?

Internet

SACANDO UN BILLETE DE TREN

El panel informativo

El mostrador de información

El billete de tren

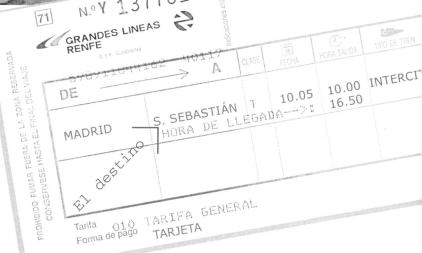

71	Nº Y 137781						
	GRANDES LINEAS RENFE		CLASE	FECHA	HORA SALIDA	TIPO DE TREN	Indicaciones especiales
	C.I.F. G-28016749						
DE	A						
MADRID	S. SEBASTIÁN	T	10.05	10.00 16.50	INTERCI	
	HORA DE LLEGADA ‑‑‑> :						

BILLETE + RESERVA

El destino

PROHIBIDO FUMAR FUERA DE LA ZONA RESERVADA
CONSÉRVESE HASTA EL FINAL DEL VIAJE

Tarifa 010 TARIFA GENERAL
Forma de pago TARJETA

El horario

Tipo TREN	SALIDA	LLEGADA
Intercity	10.00	16.50
Talgo	15.19	21.36
Talgo	15.45	22.00
Costa Vasca	22.45	07.25

El tipo de asiento

Entrando en materia

Observe el horario y el billete de tren y conteste a estas preguntas.

1. ¿Cuántos trenes hay al día para San Sebastián?

2. ¿A qué hora salen y llegan?

3. ¿Cuál es el tipo de asiento?

4. ¿Cuál es la forma de pago?

A

Javier:	¡Hola, buenos días!
Empleada 1:	¡Buenos días!
J.:	Vamos a ver, quería saber los trenes que hay para San Sebastián por la mañana.
E. 1:	Por supuesto. Vamos a ver: tenemos el Intercity, que sale de aquí a las 10.00 y llega allí a las 16.50.
J.:	Salida a las 10.00... ¿No podría ser un poco más tarde? No sé, como a la una, más o menos.
E. 1:	No, ya nos vamos a las 15.45 y llega allí a las 22.00.
J.:	Nada, imposible, tengo que estar en San Sebastián antes de las siete... Bueno, ya me apaño. Gracias, ¿eh?
E. 1:	Buenos días.
J.:	Buenos días.

B

Javier:	Buenos días.
Empleada 2:	Buenos días.
J.:	Eh... quería sacar un billete para el Intercity Madrid/San Sebastián para el próximo sábado.
E. 2:	A ver, en el de las 10.00, ¿no?
J.:	Sí, no fumadores y ventanilla, por favor.
E. 2:	¿Ida y vuelta?
J.:	No, no... Sólo ida.
E. 2:	¿Cómo va a pagar?
J.:	Con tarjeta.
E. 2:	Perfecto.
J.:	Aquí tiene.
E. 2:	¿Me enseña su carné, por favor?
J.:	Sí, sí, por supuesto.
E. 2:	Gracias. Muchas gracias. ¿Me firma aquí, por favor? Pues aquí tiene su billete.
J.:	Muy bien.
E. 2:	Esto es para usted.
J.:	Gracias.
E. 2:	A usted. Adiós.
J:	Adiós. Buenos días.

¿Ha comprendido bien?

Elija la frase correcta.

(1) Javier Tostado quiere viajar
a) por la tarde.
b) por la mañana.

(2) El próximo tren sale
a) a la una.
b) a las cuatro menos cuarto.

(3) Por la mañana hay
a) un tren.
b) dos trenes.

**(4) Javier Tostado tiene que estar
en San Sebastián antes de**
a) las siete.
b) las cinco.

**(5) El tren de las diez
de la mañana llega**
a) a las cuatro y media.
b) a las cinco menos
diez.

(6) Compra un billete
a) de fumador, con ventanilla
y de ida y vuelta.
b) de no fumador, con
ventanilla y de ida.

(7) Paga con tarjeta y enseña
a) el carné.
b) el pasaporte.

Secuencias

Ordene el diálogo de cada secuencia.

1. ....
2. ....

a Tenemos el Intercity, que sale de aquí a las 10.00 y llega allí a las 16.50.

b Quería saber los trenes que hay para San Sebastián por la mañana.

c Salida a las 10.00... ¿No podría ser un poco más tarde? No sé, como a la una más o menos.

a No, ya nos vamos a las 15.45 y llega allí a las 22.00.

b Nada, imposible, tengo que estar en San Sebastián antes de las siete.

1. ....
2. ....
3. ....

a
A ver, en el de las diez, ¿no?

b
Sí, no fumadores y ventanilla.

1. ....
2. ....
3. ....
4. ....
5. ....

c
No, no... Sólo ida.

d
¿Ida y vuelta?

e
Quería sacar un billete para el Intercity Madrid/San Sebastián para el próximo sábado.

a
Aquí tiene.

b
Con tarjeta.

c
¿Cómo va a pagar?

d
Perfecto.

1. ....
2. ....
3. ....
4. ....

a
Pues aquí tiene su billete.

b
Muy bien.

1. ....
2. ....
3. ....
4. ....

c
¿Me enseña su carné, por favor?

d
Sí, sí, por supuesto.

¡A escena!

En la estación de tren.

¿Qué se dice para...?

- **Preguntar un horario.**
- **Sacar un billete de tren.**
- **Indicar las características del asiento.**
- **Pagar.**

Representen la siguiente secuencia:

Estudiante A. Vive en Madrid. El lunes tiene que ir a San Sebastián y estar allí antes de las tres. Pregunte los horarios a su compañero/a.

Estudiante B. Trabaja en RENFE, en el mostrador de información. Atienda a su compañero/a.

LOS NUMERALES

Se usa **ciento** delante de **decenas** y **unidades**.

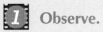 Observe.

100 **cien**		
200 **doscient**os/as	1.000 **mil**	
300 **trescient**os/as	2.000 **dos mil**	
400 **cuatrocient**os/as	3.000 **tres mil**	
500 **quinient**os/as		
600 **seiscient**os/as	10.000 **diez mil**	
700 **setecient**os/as	100.000 **cien mil**	
800 **ochocient**os/as	1.000.000 **un millón**	
900 **novecient**os/as		

102 **ciento** dos
108 **ciento** ocho
112 **ciento** doce
125 **ciento** veinticinco
180 **ciento** ochenta

8.540.035 ⟩ ocho millones **quinientos cuarenta mil** treinta y cinco

 Observe y complete. Luego escriba todos los números con letras.

29 ···· 151 ····· 273 ···· ☐ ···· 517 ···· ☐ ····· ☐ ···· 883

1.005 ···· ☐ ···· 1.249 ···· ☐ ···· 1.615 ···· 1.737 ···· 1.859

3 Escuche y siga los números. ¿Por qué puerta se sale?

B **A** **K**

L

B		A				K
1.002	108	920	113	25	130	113
2.202	2.020	133	123	103	7.208	940
2.002	1.324	6.062	7.508	7.258	13	904
1.314	6.662	6.602	9.020	9.012	3	1
2.200	702	905	915	932	914	5.400
502	712	6.307	802	3	98	67
563	2.699	812	13	9.501	80	707
2.220	258	8.700	31	90	9.051	717

C **D** **—**

E **F** **G** **H**

Estudiante A

Usted quiere hacer
la siguiente ruta
por Andalucía:

- Córdoba.
- Sevilla.
- Huelva.
- Cádiz.
- Málaga.
- Granada.
- Jaén.
- Córdoba.

Estudiante B

Usted quiere hacer
la siguiente ruta
por Andalucía:

- Córdoba.
- Cádiz.
- Huelva.
- Sevilla.
- Málaga.
- Granada.
- Jaén.
- Córdoba.

Por turnos:

1. **Pregunte a su compañero/a las distancias que faltan. Luego, conteste a sus preguntas.**
Use: *¿Cuántos kilómetros hay entre... y...?*

2. **Explique su ruta y las actividades que piensa realizar a su compañero/a y anote las suyas.**
Use: *Primero voy a salir de.... Luego / Después voy a ir a...*
En Córdoba, voy a/pienso/quiero + infinitivo. Elija dos actividades por ciudad.

- Pasear por el casco antiguo.
- Descansar en los parques.
- Sacar fotos.
- Ir a un tablao flamenco.
- Visitar los monumentos.
- Cenar en restaurantes típicos.
- Comprar regalos.
- Ver los museos
- Realizar excursiones por la provincia.
- Bañarme en el océano.

Estos son los principales monumentos de cada ciudad:

Cádiz: el Museo de Bellas Artes.
Córdoba: la Mezquita y el Museo Taurino.
Granada: la Alhambra y la Catedral.
Huelva: el Museo de Cristóbal Colón.
Jaén: la Catedral y el Castillo de Santa Catalina.
Málaga: la casa natal de Picasso y el Museo de Bellas Artes.
Sevilla: el Alcázar, la Catedral y su torre (la Giralda).

3. **Por fin, comparen sus viajes: ¿quién va a recorrer más kilómetros? ¿Qué planes tienen en común?**

LOS PRONOMBRES COMPLEMENTO DIRECTO

5 Observe.

¿Necesitas **el diccionario**?

No, no **lo** necesito.

¿Has sacado **los billetes** de tren?

Sí, **los** he sacado esta mañana.

¿Puede cerrar **la ventana**, por favor?

Sí, por supuesto, ahora **la** cierro.

¿Ha escrito **las cartas**?

Sí, **las** he escrito antes.

el diccionario	los billetes	la ventana	las cartas
(masculino singular)	(masculino plural)	(femenino singular)	(femenino plural)
lo	**los**	**la**	**las**

6 Escuche estos minidiálogos y relacione. ¿De qué están hablando?

1	2	3	4	5	6

a. una tortilla   **d.** un café
b. un libro   **e.** unos ejercicios de gramática
c. unos platos sucios   **f.** unas llaves

7 Observe la posición de los pronombres.

INFINITIVO		GERUNDIO
Voy a preparar **la cena.**	Quiero comprar **el libro.**	Estoy escuchando **un CD.**
La voy a preparar.	**Lo** quiero comprar.	**Lo** estoy escuchando.
Voy a preparar**la.**	Quiero comprar**lo.**	Estoy escuchándo**lo.**

gramatical

8 Relacione. Luego, vuelva a escribir las frases cambiando la posición de los pronombres.

1. ¿Vamos a visitar**lo**?
   ¿*Lo vamos a visitar?*

   El libro.

   Las fotos.

2. Estamos mirándo**las**.
   ....

   El Museo del Prado.

   Los pasteles.

3. No puedo comer**los**,
   estoy a dieta.
   ....

   La película.

   El billete de tren.

4. ....
   La podemos ver esta noche.

5. ....
   Lo quieres sacar.

6. ....
   Lo estoy leyendo.

9 Lea estos datos sobre Pilar y Juan.

- Juan es un chico tímido. A veces tiene mal carácter y por eso se enfada por pequeñas cosas. Pero es muy cariñoso.
- Pilar quiere mucho a Juan, pero es muy independiente y tiene poca paciencia.

¿Qué cree que van a hacer ellos en estas situaciones? ¿Por qué? Utilice los pronombres en las respuestas.

1. Juan y Pilar están enfadados, pero hoy es el cumpleaños de Pilar. ¿Juan va a llamarla o no?

2. Pilar va a ir a una fiesta para ver a unas amigas de la infancia. ¿Va a invitar a Juan o no va a invitarlo?

3. Pilar y Juan quieren ir al cine, a la sesión de las nueve. Son las nueve menos cuarto y Pilar no está lista. ¿Juan va a esperarla para ir juntos a la sesión de las once o va a ir al cine solo?

4. Juan está estudiando inglés en una academia. Son las diez de la noche y está haciendo un ejercicio muy difícil. Pilar habla muy bien inglés. Mañana tiene que levantarse a las cinco para coger un avión. ¿Va a ayudarlo o no?

10 Ahora, presenten sus respuestas al resto de la clase y compárenlas con las de los otros grupos.

El acento en la palabra

1 Escuche y escriba las palabras en el lugar correspondiente.

2 Coloque las tildes que sean necesarias.

Ramón y Mónica viven en Madrid. Hoy es miércoles 24 de octubre. El lunes próximo tienen que ir a Sevilla y estar allí antes de las cinco de la tarde.

Observe el siguiente horario del AVE y diga qué tren(es) pueden coger.

* *Pueden coger el de las siete, que llega a Sevilla a las nueve y media.*
* *¡Sí, pero tienen que levantarse muy pronto!*

TREN N.º	SALIDA	LLEGADA	PRESTACIONES
00258	7.00	9.30	🛋 ☕
00239	8.00	10.30	☕ ☕
11478	9.00	11.30	☕ ☕ ▭
14569	10.00	12.30	🛋 ☕ ☕
32147	12.00	14.30	☕ 🍸 ▭
15987	14.00	16.30	✕ 🍸 ▭
12500	16.00	18.30	☕ 🍸 ▭

☕ Desayuno

🛋 Asiento superreclinable

✕ Restaurante

🍸 Bar móvil

▭ Vídeo

☕ Servicio de cafetería

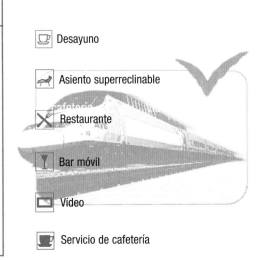

 Conteste a estas preguntas.

¿Cuánto dura el viaje?

¿Qué prestaciones ofrecen los trenes 00258, 14569 y 15987? Coméntelas con sus compañeros.

* *En el tren 00258 puedes estar muy cómodo.*
* *Sí, y también puedes desayunar.*

 Lea estos datos sobre Ramón y Mónica y elija el tren más apropiado para ellos.

* No les gusta madrugar.
* No quieren llegar muy pronto a Sevilla.
* Quieren comer en el tren.
* Les encanta el cine.

4 *Ramón va a sacar un billete de tren y habla con el empleado de RENFE.*

En su opinión, ¿quién va a decir las siguientes frases: Ramón (R) o el empleado (E)? ¿En qué orden cree que las van a decir?

	R	E
¿Qué clase quiere, turista o preferente?		X
Sólo ida.		
Quería reservar dos billetes en el AVE a Sevilla para el lunes próximo por la tarde.		
Sí, hay uno que sale a las dos y llega a las cuatro y media.		
¿Cómo va a pagar, en efectivo o con tarjeta?		
Entonces el 15987 de las dos, ¿no?		
¿Y no hay otro antes?		
En efectivo.		
Pues... preferente. Oiga, ¿el tren tiene cafetería?		
Tenemos el 12500, que sale a las cuatro y llega a las seis y media.		
Sí, por supuesto. Y vídeo también. Bien... ¿Ida o ida y vuelta?		

5 **Ahora escuche el diálogo entre Ramón y el empleado de RENFE y verifique las respuestas de la actividad número 4.**

6 **En grupos de tres.**
Escriban y representen la siguiente situación.

Estudiante A. Usted vive en Madrid. El lunes tiene que ir a Sevilla a un curso de empresa; tiene que estar allí antes de las once. Quiere viajar en el AVE.
- Pregunte a su compañero/a B qué trenes hay y qué servicios ofrecen.
- Haga la reserva con el/la compañero/a C. Quiere un billete de ida y vuelta en clase preferente, en un asiento de no fumadores y al lado de la ventanilla. Va a pagar con tarjeta.

Estudiante B. Trabaja en RENFE, en Información. Consulte el horario de la página anterior y atienda a su compañero/a A.

Estudiante C. Trabaja en RENFE en el Servicio de Reservas. Atienda a su compañero/a A. Precio del billete: ida 54 euros, ida y vuelta 107 euros.

aprendiendo
EL GUIÓN

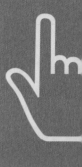

Solicitar información

| • Quería saber los trenes que hay
• ¿A qué hora salen los trenes | para | San Sebastián
Barcelona
Roma | por la mañana,
por la tarde,
por la noche, | por favor (?) |

| • ¿Me podría dar un horario de los | trenes
aviones
autobuses | para | San Sebastián?
Barcelona?
Roma? |

◆ *Por supuesto.* *Hay uno que sale a las... y llega a las...*
◆ *Mire.* *Luego, hay otro a las... y llega a las...*

Comprar un billete

| • Quería | comprar
reservar | un billete a Madrid en el | tren
avión
autobús | de las diez
de las tres
de las cinco | para | el lunes.
el martes.
el miércoles.
el día... |

Describir el billete

• De fumador. / De no fumador. • En ventanilla. / En pasillo. • De ida. / De ida y vuelta.

Pagar

• ¿Cómo va a pagar? ◆ *En metálico.*
        ◆ *Con tarjeta.*

1. El vagón.
2. La vía.
3. El andén.
4. El revisor.
5. El carrito.

Tareas en Internet

¿Avión o AVE?

Tarea: Usted es un hombre/una mujer de negocios con prisas y tiene que ir de Sevilla a Madrid a una reunión en el centro de la ciudad. No sabe qué medio de transporte escoger: el tren Alta Velocidad (AVE) o el avión. Haga un estudio comparativo.

El avión

Escoja el sitio http://www.iberia.es

(1) Los vuelos

Pulse sobre **Información** y escoja **Horarios**.

Rellene el formulario (origen, destino, día, mes y hora) y envíe los datos.

¿Cuántos aviones directos hay de Sevilla a Madrid?

¿Cuál es la duración del trayecto?

No olvide que para comparar con el tren tiene que tener en cuenta el tiempo necesario para ir y salir de los aeropuertos, facturar y recoger las maletas, etc.

(2) Los precios

Escoja **Tarifas** y rellene el formulario.

¿Hay mucha diferencia de precios? Pulse en **Información de utilidad** para averiguar las características de los vuelos.

El AVE

Escoja el sitio http://www.renfe.es

(1) Los trenes

Pulse **Horarios y precios**.

Rellene el formulario: origen, destino y fecha (opcional).

Realice la consulta.

¿Cuántos trenes AVE hay para ese día?

Seleccione el tren que le interesa:

¿Cuál es la duración del trayecto?

¿Qué características tiene el tren que ha elegido?

¿A qué estación de Madrid llega?

¿Dónde se encuentra esta estación con relación al centro?

(2) Los precios

¿Cuál es el precio en clase club?

Conclusión:

¿Qué conclusiones saca usted de este estudio comparativo?

¿Prefiere usted coger el avión o el AVE?

Justifique su respuesta.

PIDIENDO UN TAXI POR TELÉFONO

◀ La parada de taxi

RADIO-TAXI

FECHA	24/05
HORA DE LA LLAMADA	14.45
LLAMADA Nº	1003

DATOS DEL CLIENTE

NOMBRE Javier Tostado García

DIRECCIÓN Hotel Miguel Ángel, habitación 215
Madrid
91 569 93 50

TEL

OBSERVACIONES Estar en aeropuerto a las 15.30

Entrando en materia

Hoy Javier Tostado vuelve a Barcelona.
Tiene que estar en el aeropuerto dentro
de tres cuartos de hora. Ha llamado a
Radio-Taxi para pedir un taxi.

**Lea la ficha de Radio-Taxi y
conteste a las preguntas.**

1. ¿Qué día llama y a qué hora?

2. ¿Desde dónde llama?

3. ¿A qué hora tiene que estar
   en el aeropuerto?

4. Hoy el tráfico es un poco denso
   y para ir al aeropuerto se tarda
   treinta y cinco minutos. ¿A qué hora
   tiene que llegar el taxi al hotel para
   poder estar en el aeropuerto
   a tiempo?

transcripción

Radio-Taxi: Radio-Taxi, buenas tardes.

Javier: ¡Hola, buenas tardes! ¿Me
puede mandar un taxi cuanto
antes, por favor?

R.T.: Por supuesto. ¿Me dice su
teléfono?

J.: Sí, espere un momento.
91 569 93 53.

R.T.: ¿Su nombre?

J.: Javier Tostado García.

R.T.: ¿Dirección?

J.: Hotel Miguel Ángel, habitación
215.

R.T.: Muy bien, tendrá su taxi
en un cuarto de hora.

J.: ¿No podría ser un poco antes?
Tengo muchísima prisa.

R.T.: No se preocupe. Estará lo antes
posible.

J.: Muchas gracias.

R.T.: A usted. Adiós.

¿Ha comprendido bien?

Elija la frase correcta.

(1) Javier Tostado necesita un taxi.
  a) Es urgente.
  b) No es urgente.

(2) Javier Tostado llama
  a) desde su habitación.
  b) desde la recepción del hotel.

(3) El taxi llegará dentro de
  a) tres cuartos de hora.
  b) un cuarto de hora.

(4) Sin embargo, Javier Tostado lo necesita
  a) un poco después.
  b) un poco antes.

(5) Los datos que necesita el empleado de taxi son:
  a) La dirección y el nombre.
  b) La dirección, el nombre y el número de teléfono.

Secuencias

Ordene el diálogo de cada secuencia. Luego numere las secuencias tal y como se han visto en el vídeo.

b Sí, espere un momento. 91 569 93 53.

a Por supuesto. ¿Me dice su teléfono?

1. ....
2. ....

1. ....
2. ....

b ¿Dirección?

a Hotel Miguel Ángel, habitación 215.

a
¡Hola, buenas tardes!
¿Me puede mandar un taxi
cuanto antes, por favor?

1. ....
2. ....

b
Radio-Taxi,
buenas tardes.

a
No se preocupe,
estará lo antes posible.

b
Tendrá su taxi
en un cuarto de hora.

1. ....
2. ....
3. ....

c
¿No podría ser un poco antes?
Tengo muchísima prisa.

b
¿Su nombre?

a
Javier Tostado García.

1. ....
2. ....

¡A escena!

Pedir un taxi por teléfono.

¿Qué se dice para...?

- **Pedir un taxi.**
- **Expresar urgencia.**

Representen la siguiente secuencia:

Estudiante A. Está en su casa. Llame a Radio-Taxi y pida un taxi para ir al aeropuerto. Tiene mucha prisa.

Estudiante B. Trabaja en Radio-Taxi. Atienda a su compañero/a y complete la ficha.

RADIO-TAXI
Nombre y apellidos:
Dirección: Teléfono:
Hora de la llamada:
Observaciones:

EL FUTURO

 Observe.

VERBOS REGULARES

(Yo)	**é**
(Tú/*Vos*)	**ás**
(Él/Ella/Usted)	**á**
(Nosotros/as)	**emos**
(Vosotros/as)	**éis**
(Ellos/Ellas/Ustedes)	**án**

hablar-
comer-
escribir-

esta tarde
esta noche
mañana
el domingo que viene
la semana que viene
dentro de dos días
el mes que viene
el año que viene

VERBOS IRREGULARES

decir ..... dir-	
haber ..... habr-	
hacer ..... har-	**é**
poder ..... podr-	**ás**
poner ..... pondr-	**á**
querer ... querr-	**emos**
saber ..... sabr-	**éis**
salir .... saldr-	**án**
tener ..... tendr-	
venir ...... vendr-	

2 ¿Qué hará Ernesto durante el próximo fin de semana? Elijan una ilustración de cada caja e imaginen sus actividades.

EL SÁBADO

por la mañana   a mediodía

por la tarde   por la noche

EL DOMINGO

a mediodía   por la noche

3 Ahora, escuchen a Ernesto. ¿Cuántas actividades han acertado?

4 *Celia y Santi son novios. Este verano quieren irse juntos de vacaciones tres semanas.*

Escuche los planes de cada uno y marque una X en las casillas correspondientes.

	Celia	Santi
• Irán a la playa.		
• Nadarán en el río.		
• Irán al campo.		
• Visitarán Francia.		
• Visitarán París.		
• Subirán a la torre Eiffel.		
• Pasearán por el campo.		
• Saldrán todas las noches.		
• Comerán en grandes restaurantes.		
• Visitarán museos.		
• Irán al teatro.		
• Se quedarán en Madrid para descansar.		

5 **En grupos de tres. Ahora saben lo que le gusta a cada uno. Reorganicen sus vacaciones para que los dos estén satisfechos.**

• *Los dos quieren visitar Francia.*
◆ *Primero irán a Niza y, como les gusta nadar, se bañarán en el mar.*

6 **Usted y su compañero/a han decidido irse juntos de vacaciones este verano dos semanas. Organicen su estancia teniendo en cuenta sus gustos.**

- ¿Cuándo? Julio o agosto.

- ¿Dónde? Playa, montaña, campo, extranjero (¿qué país?).

- ¿Cómo? En tren, en avión, en coche, en autobús, en moto, en viaje organizado.

- ¿Alojamiento? Hotel o camping.

- ¿Actividades? Descansar, practicar deporte, ver museos, comer en restaurantes, bailar en discotecas, ir al cine, visitar monumentos, hacer excursiones, sacar fotos.

7 En grupos de cuatro. ¿Qué cinco temas les preocupan más para el futuro?

- La deforestación.
- Los animales en vías de extinción.
- La violencia y las guerras.
- La pobreza.
- La aparición de nuevas enfermedades.
- El paro.
- La alimentación.
- La clonación humana.

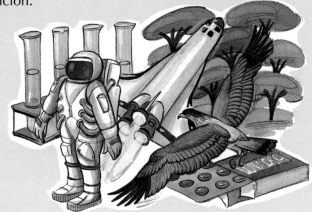

- *A mí me preocupan las enfermedades, porque cada año hay enfermedades nuevas.*

- *A mí no. Yo creo que se encontrarán medicinas para las nuevas enfermedades.*

8 Lea las predicciones del doctor Nocequién para el año 2100.

Predicciones para el año 2100

- La esperanza de vida será de 135 años.
- Podremos elegir el sexo de los bebés.
- Tendremos coches eléctricos.
- Nos visitarán seres de otros planetas.
- Comeremos alimentos artificiales.
- Habrá bases en el fondo de los océanos.
- No trabajaremos, tendremos robots y ordenadores.

gramatical

9 Dos amigos, Carlos y Paloma, están comentando las predicciones. Estas son sus reacciones. Señale con X las que indican desacuerdo.

Lo dudo mucho.	✗	Pues yo creo que sí.	
¡Es imposible!		¡Por supuesto que sí!	
No, yo creo que no.		Yo digo que no.	
Es absolutamente imposible.		¡Anda ya! Es imposible.	
Estoy de acuerdo.		Tal vez.	
Pues yo creo que es posible.		Pues yo pienso que es posible.	

10 Ahora, escuche la conversación y tome nota de cómo reacciona cada uno.

	Carlos		Paloma	
	Acuerdo	Desacuerdo	Acuerdo	Desacuerdo
• La esperanza de vida.				
• El sexo de los bebés.				
• Los coches eléctricos.				
• Los extraterrestres.				
• Los alimentos artificiales.				
• La vida en el fondo de los océanos.				
• Los robots y los ordenadores.				

11 Añada temas a la lista de predicciones para el año 2100: dos optimistas y dos pesimistas. Coméntelos con su compañero/a.

• *Ya no existirá el cáncer.*

Escuche después las predicciones de su compañero/a y reaccione.

• *Es imposible.* ◆ *Yo creo que sí es posible.*

12 Hagan una encuesta a otros grupos con las nuevas predicciones.

• *¿Crees que ya no existirá el cáncer?*

El ac**e**nto en la pal**a**bra

1 **Lea el texto.** *Jesús López es director de una empresa de informática de Madrid. El próximo sábado va a ir a Cádiz con su asistente, la señorita Isabel Fernández, para participar en una importante feria internacional. Estarán presentes España, Canadá, Brasil, Perú, Chile, México, Japón…*

2 **Localice en el texto anterior:**

Cuatro palabras con el acento en la antepenúltima sílaba	Siete palabras con el acento en la penúltima sílaba		Ocho palabras con el acento en la última sílaba	
■■ ■■	■ ■■ ■		■■ ■ ■	
	Tres con tilde	Cuatro sin tilde	Cuatro con tilde	Cuatro sin tilde

1 Observe la agenda de Santiago Merino.

Abril April Avril April   Semana week 16

17 Lunes
   Monday Lundi Montag

08 ─────────────
09 ─────────────
   Estación AVE de Atocha
(10) ────────────
11 ─────────────
12   Reunión con Felipe Segura
(13 '30) en Instituto Antonio Machado (Benimar, Sevilla)
14 ─────────────
15 ─────────────

EDICIONES
La portada
enciclopedias y diccionarios

Santiago Merino
DIRECTOR DE VENTAS

PASEO DE LA CASTELLANA, 36. 28005 MADRID
Tfno. 91 258 73 00. Fax 91 258 11 02
e-mail: LP@merino.es

2 *Son las nueve y el señor Merino llama a Taximadrid para pedir un taxi.*

Escenifiquen la situación.

Estudiante A. Santiago Merino.

Estudiante B. Empleado de Taximadrid.

Han pasado veinte minutos y el taxi todavía no ha llegado. Santiago Merino llama de nuevo a Taximadrid para reclamar el taxi.

Antes de escuchar la conversación, escriba cinco palabras o expresiones que cree que va a oír.

1. ....
2. ....
3. ....
4. ....
5. ....

3 **Escuche el diálogo** y compárelo con sus respuestas.

4 **Escriban y representen la conversación telefónica entre Santiago Merino y Felipe Segura. Tengan en cuenta estas circunstancias:**

- Santiago Merino llega a Benimar a las doce y cuarto y tiene una reunión en el Instituto Antonio Machado con Felipe Segura a la una y media, para presentarle los diccionarios de su editorial.

- Hoy todos los taxistas de Benimar están en huelga y Santiago Merino tiene que ir al Instituto andando.

- Santiago Merino llama a Felipe Segura para concertar una cita un poco más tarde porque no va a llegar a tiempo. Contesta el conserje del Instituto.

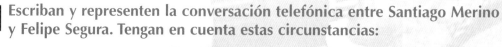

| **Estudiante A** | **Estudiante B** | **Estudiante C** |
| Santiago Merino | Conserje del Instituto | Felipe Segura |

5 Observe el siguiente plano y explique qué tiene que hacer Santiago Merino para llegar desde la estación hasta el Instituto Antonio Machado.

Puede utilizar: girar a la izquierda/derecha, seguir recto, tomar la calle X...

6 Al llegar al Instituto, Felipe presenta a Santiago a dos profesores de lengua.

Escriban y escenifiquen la conversación.

Estudiante A
Santiago Merino

Estudiante B
Felipe Segura

Estudiante C
Carlos Puente

Estudiante D
Marisa Gómez

7 Después de la reunión, Santiago y Felipe van a Sevilla para comer juntos en un pequeño restaurante del casco antiguo.

Escriban y representen la conversación en el restaurante.

Estudiante A
Santiago Merino

Estudiante B
Felipe Segura

Estudiante C
Camarero/a

Cebiche restaurante

8 Después de la comida, Santiago decide quedarse un día más en Sevilla para hacer un poco de turismo. Por eso, entra en un hotel para pedir una habitación.

Escenifiquen la situación.

Estudiante A
Santiago Merino

Estudiante B
Recepcionista

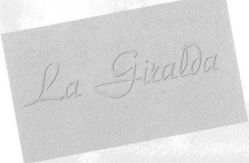

La Giralda

Archivo

← Atrás

Dirección

Pedir un taxi

| • ¡Buenos días! ¿Me podrían mandar un taxi | cuanto antes? |
| lo antes posible? |
| inmediatamente? |
| esta tarde a las dos? |
| mañana a las cinco? |
| para ir | a la estación? |
| | al aeropuerto? |

| • ¡Buenos días! Necesito un taxi | urgentemente. |
| lo antes posible. |

| • ¡Buenos días! Quería un taxi | para esta tarde a las tres. |
| para mañana a las cuatro. |
| para ir | a la estación. |
| | al aeropuerto. |

Expresar urgencia

- • Tendrá su taxi dentro de veinte minutos.
- • Llegará en un cuarto de hora.
- • Estará ahí en veinte minutos.

◆ *¿No podría ser un poco antes?* | *(Es que) Tengo (mucha) prisa.*

◆ *¿No podría llegar un poco antes?* | *(Es que) Es (muy) urgente.*

Tranquilizar

• No se preocupe.

1. El atasco.
2. El taxímetro.
3. El maletero.
4. La maleta.

Tareas en Internet

Edición   Ver   Favoritos   Herramientas   Ayuda

Adelante   Detener   Actualizar   Inicio   Búsqueda   Favoritos   Correo   Imprimir

http://www.tourspain.es   Ir a

Tarea: Su empresa necesita organizar un congreso con las filiales en España. Infórmese de qué servicios ofrecen. Familiarícese con el léxico de turismo de negocios.

Escoja el sitio http://www.tourspain.es/

Seleccione la lengua española y pulse **Turismo de Negocios**. En **Visitas guiadas** seleccione de nuevo **Turismo de Negocios**.

(1) Congresos

¿De cuántos hoteles dispone España?

¿Qué puesto ocupa España en el ranking mundial de turismo de negocios?

¿Qué ciudades españolas ocupan un puesto importante en el mundo en el dominio del turismo?

¿Qué lugar ocupa Barcelona a nivel mundial con relación al número de eventos?

(2) Ferias y exposiciones

¿Cuáles son las ciudades ideales españolas para la presentación de los productos de las empresas?

¿Cómo se llama el parque ferial más importante de Madrid?

¿Cuántos metros cuadrados tiene el parque ferial de Barcelona?

(3) Incentivos

Los viajes de incentivos se ofrecen para...

- organizar viajes de familia. ☐
- premiar y recompensar a los mejores empleados. ☐
- conocer la gastronomía española. ☐

Haga el resumen de estos vídeos con sus propias palabras y preséntelos a la clase.

Internet

EPISODIO 0

PANORAMA HISPÁNICO - COMUNICACIÓN

6. Escuche y complete la ficha. (p. 7)
- Sí, ¿dígame?
- ¿El señor Arturo Paz Merino?
- Sí, soy Arturo Paz Merino.
- ¿Y tiene 32 años?
- Sí, 32.
- ¿Y vive en Madrid?
- Pues sí.
- ¿Y es profesor de universidad?
- Sí, de la Universidad de Ciencias. Pero, pero...
- ¡Enhorabuena, Arturo! Soy Marta Alonso, de Promoteléfono... ¡Ha ganado un fabuloso viaje a Cuba!

PANORAMA HISPÁNICO - LENGUA

3. ¿Cómo se escribe? Escuche y escriba. (p. 8)
- ¿Cómo se escribe "Sevilla"?
- "Sevilla"? Pues ese, e, uve, i, elle, a.
- "Elle" son dos eles, ¿verdad?
- Sí, dos eles.
- Repito, ¿eh? Ese, e, uve, i, elle, a.
- ¡Exacto!

- ¿Dónde vive usted?
- En el Paseo de La Habana.
- "Habana" con hache, ¿no?
- Sí... Con hache y con be: hache, a, be, a, ene, a.
- Gracias.

- ¿Su nombre, por favor?
- Iñaki Zagorrachea. Soy vasco, de San Sebastián.
- ¿Cómo se escribe?
- ¿"Iñaki"? Pues i, eñe, a, ka, i.
- ¿Y "Zagochea"?
- ¡No, "Zagochea", no! "Zagorrachea". Za - go - rra - che - a: zeta, a, ge, o, erre doble, a, che, e, a.
- ¡Uy...! ¡Qué difícil! ¿Puede repetir?
- Zeta, a, ge, o, erre doble, a, che, e, a. ¡Facilísimo!
- ¡Ya, ya!

- ¿"Valencia" se escribe con uve o con be?
- Sí, con uve: uve, a, ele, e, ene, ce, i, a.
- Gracias.
- ¿Y "Argentina", con ge o con jota?
- ¿Argentina? Pues con ge: a, erre, ge, e, ene, te, i, ene, a.
- Una erre, ¿verdad?
- Sí, una.

- Oye Klaus, ¿cómo se escribe "compañero"?
- ¿"Compañero"? Pues... No sé... Marta, ¿sabes cómo se escribe "compañero"?
- ¡Claro! Mira: ce, o, eme, pa, a, eñe, e, erre, o.
- Ce, o, eme, pe, a, eñe, e, erre, o.
- Eso.

9. Escuche y compruebe. (p. 10)
Cero, uno, dos, tres, cuatro, cinco, seis, siete, ocho, nueve, diez, once, doce, trece, catorce, quince, dieciséis, diecisiete, dieciocho, diecinueve, veinte, veintiuno, veintidós, veintitrés, veinticuatro, veinticinco, veintiséis, veintisiete, veintiocho, veintinueve, treinta, treinta y uno, treinta y dos, treinta y tres, cuarenta, cincuenta, sesenta, ochenta, noventa, cien.

10. Escuche y elija. (p. 10)
2, 18, 35, 48, 61, 96, 3, 45, 14, 20, 33, 9.

12. Escuche y escriba los números. (p. 10)
1. • ¿Cuántos años tienes?
   - 29.
   - ¿29?
   - Pues sí.
2. • ¡Taxi! ¡Taxi!
     Buenos días. Avenida de América, 94.
   - Avenida de América, 94. ¡Andando!
3. • El 31.
   - Sí, soy yo.
   - El 12. El 12.
   - Alicia, el 12.
   - Sí, sí, soy yo.
   - El 95. El 95.
4. • Apunta mi teléfono: 91-425 68 94.
   - A ver: 91-425 68 94.
   - Eso.
5. • 81... 45... 10... 5... 13...
   - ¡BINGOOOOO! ¡BINGOOOOO!
6. • Por favor, ¿la extensión del señor Lozano?
   - Sí, la 48 - 57.
   - ¿La 48 - 57?
   - Sí, eso.

PANORAMA HISPÁNICO - COMUNICACIÓN

1. Escuche. (p. 12)
- Hola, buenos días.
- Buenos días.
- Soy Fernando Lozano Moreno. Trabajo en Imansa.
- ¡Imansa?
- Sí, Imansa, una agencia de publicidad de Madrid. Mire, aquí tiene mi tarjeta con mi teléfono.
- Gracias.

EPISODIO 1

ENCUADRE GRAMATICAL

3. Escuche y marque la forma oída. (p. 21)
1. Estudias matemáticas.
2. ¿Podemos reservar una habitación?
3. Trabajáis en Cuba.
4. Quiero reservar una habitación.
5. Soy mexicano.
6. ¿Tiene una tarjeta de visita?
7. Perdone, no comprendo.
8. ¿Cómo se escribe "estudiar"?
9. La habitación es de no fumador.
10. ¿Vives en Chile?

11. Escuche y clasifique las palabras en la columna correspondiente. Luego, escriba el singular o plural correspondiente. (p. 23)
ciudades, viaje, empresas, llaves, ingleses, errores, días, tarjetas, nacionalidad, director, años, estudiante, español, brasileños, señor, fumadores, cheque, boliviano.

SE RUEDA

3. Escuche. ¿Quién es la secretaria de Marisa Alonso? (p. 25)
- Hotel Gran Señor, buenos días.
- Buenos días, quería reservar una habitación.
- Sí, ¿cómo la quiere?
- Pues individual, de no fumador, por favor.
- ¿Para cuándo?
- Del 3 al 5 de junio.
- ¿A nombre de quién?
- De Marisa Alonso.

EPISODIO 2

ENCUADRE GRAMATICAL

4. Observe la ilustración y escuche. ¿De qué objetos hablan? (p. 33)
Beatriz: Sí, ¿dígame?
Merche: Beatriz, soy Merche. Mira, estoy en el despacho de José. ¿Me puedes traer algunas cosas, por favor?
Beatriz: Por supuesto.
Merche: A ver, el...
Beatriz: ¿Dónde está?
Merche: Debajo de la mesa, al lado de los cajones.
Beatriz: Al lado de los cajones... ¡Ah... sí!
Merche: Y los... Están en la estantería, al lado de la foto. Y el...
Beatriz: ¿El... de teléfonos?
Merche: Sí, está entre el ordenador y la impresora. A ver... ¡Ah, sí!, los... están a la derecha del reloj, en la estantería. Y, muy importante, las... están al lado del teléfono.
Beatriz: Sí, sí, aquí están. ¿Qué más?
Merche: ¿Cuántos... hay? Mira debajo del teléfono.
Beatriz: A ver, uno... dos... tres... cuatro. Hay cuatro.
Merche: Bueno, pues los cuatro. Y la... está dentro del último cajón.
Beatriz: Vale.
Merche: Muchas gracias, Beatriz.

5. Vuelva a escuchar la conversación y complete el cuadro. (p. 33)
Beatriz: Sí, ¿dígame?
Merche: Beatriz, soy Merche. Mira, estoy en el despacho de José. ¿Me puedes traer algunas cosas, por favor?
Beatriz: Por supuesto.
Merche: A ver, el maletín.
Beatriz: ¿Dónde está?
Merche: Debajo de la mesa, al lado de los cajones.
Beatriz: Al lado de los cajones... ¡Ah... sí!
Merche: Y los disquetes. Están en la estantería, al lado de la foto. Y el listín.
Beatriz: ¿El listín de teléfonos?
Merche: Sí, está entre el ordenador y la impresora. A ver... ¡Ah, sí!, los sobres: están a la derecha del reloj, en la estantería. Y, muy importante, las llaves: están al lado del teléfono.
Beatriz: Sí, sí, aquí están. ¿Qué más?
Merche: ¿Cuántos mensajes hay? Mira debajo del teléfono.
Beatriz: A ver, uno... dos... tres... cuatro. Hay cuatro.
Merche: Bueno, pues los cuatro. Y la carpeta, está dentro del último cajón.
Beatriz: Vale.
Merche: Muchas gracias, Beatriz.

8. Identifique a los personajes y escriba qué están haciendo. (p. 34)
Efectos sonoros:
1. Ruido de escribir en ordenador.
2. Ronquido de un hombre.
3. Ruido de coches en la calle.
4. Sonido de llamada de teléfono: Una mujer dice "¿Diga?".
5. Mujer hablando en voz baja: "Asuntos del día".
6. En la calle, mujer que dice: "Taxi... Taxi...".
7. Sonido que se hace al beber y sonido de introducir la moneda y caer el café en el vaso.

8. Dos mujeres hablando: "¿Qué tal la reunión?", "Pues, muy bien, todo el mundo…".

SE RUEDA

1. Ahora escuchen la grabación y comprueben. (p. 37)
- ALS, buenos días.
- Buenos días, con el señor Alonso, por favor.
- Lo siento, está reunido.
- Bueno, adiós.
- Adiós.

___

- ALS, buenos días.
- Buenos días, con la señora Casado, por favor.
- ¿De parte de quién?
- De Manuel Sacristán.
- Sí, le paso.
- Muchas gracias.

___

- ALS, buenos días.
- Buenos días, ¿me puede poner con Leonor Prada, por favor?
- Lo siento, no está en su despacho. ¿Espera o prefiere llamar más tarde?
- Espero.

___

- ALS, buenos días.
- Buenos días, ¿me puede poner con el señor Toledo, por favor?
- Lo siento, en este momento no contesta. ¿Quiere hablar con su secretaria?
- No, gracias. Adiós.
- Adiós.

EPISODIO 3

ENCUADRE GRAMATICAL

3. Escuche y ponga las horas. (p. 44)
- ¿A qué hora llega el avión de Nueva York, por favor?
- A las diez y media.
- Gracias.

___

- Mira, mira, todos los días llega a las nueve y cuarto…
- Sí, ¡a las nueve y cuarto! Y nosotras a las ocho y media.

___

- ¿Tiene hora, por favor?
- Sí… Un momento… Las siete y diez.
- ¡Las siete y diez! ¡Qué tarde! ¡Taxi, taxi!

___

- Oye, ¿qué hora es?
- ¡Uy! ¡Las once menos cinco!
- Deprisa, deprisa… Tenemos una reunión a las once.

7. Escuche esta encuesta y tome notas. (p. 45)

Encuestador: Perdone, estoy haciendo un estudio sobre la vida de los españoles. ¿Puede contestar a unas preguntas?
Mujer: Sí.
Encuestador: ¿A qué hora se levanta todos los días?
Mujer: A las siete menos cuarto.
Encuestador: ¿Y qué desayuna?
Mujer: Un café con leche y cereales.
Encuestador: ¿Qué horario de trabajo tiene?
Mujer: De ocho a dos y de tres a seis. Y los viernes tengo horario intensivo, de ocho a cuatro.
Encuestador: ¿Y qué hace después de cenar?
Mujer: Pues, veo la tele y hablo con mi marido o con mis hijos. Tengo

tres: dos niñas, Marta y Sonia, y un hijo, Sebastián, que tiene cinco años. Los tres van a la escuela…
Encuestador: Bien, bien, muchas gracias.

11. Escuche y reaccione. (p. 46)
¿Qué va a hacer mañana?
¿Se va a levantar antes de las ocho?
¿Va a desayunar café?
¿Va a ir al trabajo en coche?
¿Va a comer en casa?
¿Por la tarde va a trabajar?
Después del trabajo, ¿va a volver directamente a casa?
¿Va a jugar al tenis o va a ir al gimnasio?
¿Va a cenar antes de las nueve?
Después de cenar…
¿Va a trabajar un poco?
¿Va a ver la televisión?
¿Va a escuchar música?
¿Va a salir?
¿Se va a acostar tarde?

SE RUEDA

2. Lunes, 16.30 h. Tres personas llaman a Infomax para concertar y confirmar citas con Irene Aguilar. Escuche las conversaciones y complete la agenda con las nuevas citas. (p. 48)
- Infomax, buenos días.
- Buenos días. Con Irene Aguilar, por favor.
- Le paso.
- ¿Dígame?
- Buenos días, soy Gerardo Gracián, de Iberinfo.
- Sí… Buenos días, señor Gracián. ¿Qué tal está? ¿Cuándo puede venir?
- A ver… ¿Le va bien mañana a las cinco?
- Mañana a las cinco… Lo siento, no puedo. Por la mañana, mejor. A las diez.
- Perfecto. Mañana a las diez.
- Adiós, hasta mañana.
- Adiós, buenos días.

___

Infomax, buenos días. En estos momentos todas nuestras líneas están ocupadas. No se retire, por favor.
- Infomax, buenos días.
- Buenos días, ¿me pone con Irene Aguilar, por favor?
- Le paso.
- ¿Dígame?
- Buenos días, soy Rocío Cobos, de MT.
- Buenos días.
- Llamo para confirmar la reunión de esta tarde.
- Sí… a las cinco y cuarto.
- Mire, a las cinco y media tengo una reunión. ¿Podemos vernos mejor el jueves o el viernes?
- A ver… El viernes, el viernes… no, no puedo. El jueves… Por la tarde a las cinco.
- Mmmm… Muy bien, el jueves a las cinco.
- Hasta el jueves, entonces.
- Adiós, hasta el jueves.

___

- ¿Sí? ¿Dígame?
- ¡Irene? Soy Gema.
- ¡Gema!, ¿qué tal?
- Mira, te llamo porque el miércoles hay una película fantástica en el Olimpia a las nueve y…
- Lo siento… el miércoles estoy en Barcelona todo el día y vuelvo muy tarde.
- No importa, vamos el jueves.
- El jueves… estupendo. ¿Qué película es?
- *El padre*, con…
- Sí, sí, es una película muy buena. Bueno, ¿cómo quedamos?

- A ver… ¿Qué tal a las ocho y media delante del cine?
- Vale, delante del cine a las ocho y media.
- Hasta el jueves, adiós.
- Adiós.

EPISODIO 4

ENCUADRE GRAMATICAL

2. Escuche esta encuesta y marque con una X los medios de transporte mencionados. (p. 56)
- Eh… Vamos a ver… ¿Cómo van al trabajo?
- Yo, a pie.
- Yo también. Mi oficina está a cinco minutos andando de mi casa.
- Pues, yo no. Yo voy en coche, mi oficina está muy lejos de mi casa y no hay autobuses, ni metro, ni tren…
- ¿Y usted?
- Yo trabajo en casa, soy traductora, trabajo con Internet. Así que, ni metro, ni autobús, ni coche…
- ¡Qué suerte! Yo vivo a quince kilómetros de mi trabajo, y todos los días tardo cuarenta minutos en autobús.
- Yo soy estudiante, vivo en el campus universitario y voy a la facultad en bicicleta.

5. Escuche esta conversación y escriba con qué frecuencia Reyes y Santi hacen las siguientes actividades. (p. 57)

Entrevistador: A ver, ¿con qué frecuencia cogéis el metro?
Reyes: Todos los días, para ir al trabajo.
Santi: Yo nunca, siempre voy al trabajo en coche.
Entrevistador: ¿Cuántas veces al mes coméis en el restaurante?
Reyes: Una vez, cuando me invita Santi.
Santi: No, no, dos veces, te invito dos veces.
Reyes: Sí… es verdad, dos veces.
Entrevistador: ¿Y tú, Santi?
Santi: Casi todos los días, es que soy representante y viajo mucho.
Entrevistador: ¿Cuántas veces por semana practicáis deporte?
Santi: Todos los viernes después del trabajo voy al gimnasio.
Reyes: Yo, nunca, nunca. No tengo tiempo.
Entrevistador: ¿Y limpiar la casa?
Reyes: Tres veces por semana.
Santi: Pues yo…
Reyes: ¿Tú? ¡Nunca! ¡Nunca limpias!
Entrevistador: ¿Con qué frecuencia vais al supermercado?
Reyes: Todos los sábados por la tarde.
Santi: Sí, vamos juntos.
Entrevistador: ¿Cada cuánto vais de copas?
Reyes: Pues… cada quince días.
Santi: Sí, eso, cada quince días, vamos a un pub de la calle Atocha, fe-no-me-nal, tiene buena música…
Reyes: Y luego, a las doce o a la una, vamos a bailar a una discoteca.
Entrevistador: ¿Y cocinar?
Reyes: Todos los días.
Santi: Pues yo, a veces, cuando invitamos a los amigos, cocino yo.
Reyes: Sí… ¡Prepara unas paellas…!
Santi: Es mi especialidad, con mariscos. Mmm… riquísimas.
Reyes: Y luego, ¿quién friega los platos? Yo, siempre yo. Porque tú, cocinar, sí, pero fregar, ¡nunca!

9. Escuche y complete. (p. 59)
- Margarita, soy Pili.
- Hola, Pili, ¿qué tal?
- Mira, te llamo porque el sábado no voy a poder ir a tu fiesta.
- ¿Y por qué?
- Tengo que estar en el aeropuerto a las nueve.
- ¡Vaya!

- ¿Por qué no me llamas nunca?
- Mira, no tengo tiempo ahora, tengo que preparar una reunión importante y luego tengo que...
- ¡Sí... siempre con la misma excusa!

- ¿Comemos juntas hoy?
- Lo siento, no puedo, tengo que estudiar para el examen de mañana.

- ¿Vamos al cine esta noche?
- No, mañana me tengo que levantar muy pronto.
- Pero si termina a las once...
- Que no, que mañana me tengo que levantar muy pronto.

- Las tres menos diez, ¡qué tarde! Me voy, tengo que volver al trabajo antes de las tres.
- Chao.

- ¿Quedamos por la tarde para jugar al tenis?
- Imposible, tengo que ir a casa de Julio.

SE RUEDA

2. Observe el plano del metro y escuche. ¿A qué estación quieren ir José y Elena? (p. 61)
- Perdone, ¿para ir a...?
- A ver... Estamos en Oporto. Entonces, tiene que coger la línea 5, la verde, dirección Canillejas hasta Ópera. Creo que son siete paradas. En Ópera cambia a la línea 2 dirección Cuatro Caminos y baja en la tercera estación.
- La 5 y luego la 2 en Ópera, dirección Cuatro Caminos, y es la tercera estación.
- Eso es.
- Gracias.

EPISODIO 5

ENCUADRE GRAMATICAL

5. Relacione. Luego, escuche la grabación y compruebe. (p. 69)
- Mi trabajo es muy interesante.
- Pues el mío no.

- Tu marido trabaja en K-OS-2000, ¿no?
- Sí, ¿y el tuyo?

- Nuestra oficina es muy grande.
- ¡Qué suerte! La nuestra es muy pequeña.

- Este libro es de Javier, ¿no?
- No, no es suyo. Es de Pilar.

- ¡Mis gafas! ¿Dónde están mis gafas?
- Tranquilo, están aquí, están aquí.

- Señor Pozo, ¿es suya esta cartera negra?
- No, la mía es marrón.

- ¿Cuáles son vuestros apellidos?
- Pues el mío, López, y el suyo Aranda.

- ¿Cogemos tu coche para ir al restaurante?
- No, el tuyo. El mío está en el taller.

---

11. Escuche cómo Marisa presenta a sus compañeros a la nueva telefonista y complete el cuadro. (p. 71)

Marisa: Mira, la chica de al lado de la ventana se llama Silvia.
Telefonista: ¿La rubia, baja y gordita?
Marisa: Sí. Es la secretaria. Es muy amable, la verdad, un poco tímida, pero muy amable. A ver... Sergio, ¿dónde está Sergio? Mira, ¿ves al señor moreno y alto?
Telefonista: El señor moreno y alto...
Marisa: Sí, delante de la fotocopiadora.
Telefonista: Ah, sí. ¡Qué delgado!, ¿no?
Marisa: Sí, es muy delgado, pues... es el contable. Está saliendo con Victoria.
Telefonista: ¿Victoria?
Marisa: Sí. La ayudante del director, la chica morena, alta y delgada, de al lado de la puerta.
Telefonista: ¿Y cómo son?
Marisa: Pues él, muy trabajador, siempre está trabajando, siempre, y ella, orgullosa, superorgullosa.
Telefonista: ¡Ah! Oye, y el hombre que está delante de la máquina de café, ¿quién es?
Marisa: Es Miguel.
Telefonista: ¿Y cómo es?
Marisa: Pues moreno, alto, delgado...
Telefonista: Sí, sí, eso ya lo veo. ¿Cómo es de carácter?
Marisa: Pues muy simpático, muy inteligente, muy amable, muy sociable, muy atento, optimista... Es mi marido.

SE RUEDA

1. Ahora escuche las descripciones y compruebe sus respuestas. (p. 73)
- Virginia Sotomayor. Es rubia. Tiene el pelo largo. Es baja y gordita.
- Mariano Casado. Es moreno, alto y delgado. Víctor Perón. Es rubio, bajo y gordo y lleva bigote.
- Sonsoles Navarro. Es morena. Tiene el pelo corto. Es baja y delgada.
- Matías Morales. Es rubio, alto y gordo. Lleva gafas.
- Mari Luz Vargas. Es morena. Lleva gafas. Es alta y gorda.
- Felisa Retama. Es rubia. Lleva gafas. Es alta y delgada.

EPISODIO 6

ENCUADRE GRAMATICAL

2. ¿Qué les parece/n? Escuche las preguntas que les hacen a Laura y Nacho y anote las respuestas. Después, pregunte sus gustos a su compañero/a y rellene la última columna. (p. 80)
Entrevistadora: ¿Os gusta cocinar?
Laura: Me encanta.
Entrevistadora: ¿Y a ti?
Nacho: ¿A mí, cocinar? No me gusta nada, pero nada. No sé hacer ni un huevo frito.
Laura: Imagínate, cuando yo no estoy en casa, come sólo pizzas.
Entrevistadora: ¿Y la comida china? ¿Os gusta?
Laura y Nacho: No, no, no.

Nacho: A mí sólo me gusta la cocina de mi mujer.
Entrevistadora: Y el frío, ¿os gusta el frío?
Laura: A mí, mucho.
Nacho: Pues a mí, nada. No me gusta nada el frío, prefiero el calor.
Entrevistadora: ¿Y leer? ¿Os gusta leer?
Laura: A mí sí; me encanta, pero no tengo tiempo.
Nacho: A mí también; me gusta mucho, pero casi no tengo tiempo.
Entrevistadora: ¿Y hacer deporte?
Laura: A mí no.
Nacho: A mí sí; me encanta, me relaja mucho.
Entrevistadora: ¿Y navegar por Internet? ¿Os gusta navegar por Internet?
Nacho: Nos encanta entrar en Internet. Pasamos mucho tiempo delante del ordenador.
Entrevistadora: Bueno. Ya hemos terminado. Muchas gracias, ¿eh?
Laura: De nada, de nada.

9. Escuche estas conversaciones en las que unas personas hablan de lo que han hecho y complete el cuadro. (p. 83)
- Esta semana no he ido a trabajar.
- ¡Qué suerte!

- Este verano hemos viajado a México.
- ¡Qué bien! ¿Y os ha gustado?

- Esta tarde he hablado con Julio.
- ¿Y qué te ha dicho?

- ¿Qué has hecho hoy?
- Pues trabajar, como todos los días.

- Este año he visto 15 películas.
- ¡Qué suerte! Yo no he tenido tiempo.

SE RUEDA

1. Olga y Ricardo van a cenar a "El Mesón". Escuche la conversación en el restaurante y elija la respuesta correcta. (p. 84)
Camarero: ¿Han elegido ya?
Ricardo: Sí. ¿Qué lleva la sopa marinera?
Camarero: Es una sopa con tomates, cebollas, mejillones...
Ricardo: Ay, no. No me gustan los mejillones. Y el puré, ¿qué verduras lleva?
Camarero: Zanahorias, cebollas, puerros...
Ricardo: Bueno, de primero tomaré un puré de verduras. Pero muy caliente, por favor.
Camarero: Muy bien. ¿Y usted, señora?
Olga: ¿Cuál es la especialidad de la casa?
Camarero: Paella. Está muy buena. Le va a gustar mucho.
Olga: Pues una paella.
Camarero: ¿Y de segundo?
Ricardo: Pollo al ajillo.
Camarero: Ya no queda, lo siento.
Ricardo: Bueno... Pues me trae chuletas de cordero. Muy hechas, muy hechas, por favor.
Olga: A mí me trae merluza. Pero con poca sal. No me gustan las comidas saladas.
Camarero: Muy bien. ¿Y qué les traigo para beber?
Ricardo: Vino tinto.
Olga: Para mí, agua con gas.
Camarero: ¿Qué van a tomar de postre?

Olga: Yo no quiero postre, ¿me trae un café con leche, por favor?
Ricardo: Y a mí un helado de vainilla y chocolate.

EPISODIO 7

ENCUADRE GRAMATICAL

3. Escuche y siga los números. ¿Por qué puerta se sale?

25, 103, 7.258, 13, 904, 1, 5.400, 67, 707, 80, 9 501, 13, 812, 6.307, 905, 702, 6.662, 1.324, 2.002.

6. Escuche estos minidiálogos y relacione. ¿De qué están hablando? (p. 94)

1. • ¿Cómo lo quieres?
   ♦ Con leche.

2. • Cariño...
   ♦ ¿Qué?
   * Cariño...
   ♦ Bueno, bueno, los lavo yo, los lavo yo.

3. • ¿Te gusta?
   ♦ Está buenísima. ¿La has hecho tú?

4. • ¡Ay! Las he dejado sobre la mesa.

5. • ¿Los has hecho todos?
   ♦ No, el 3 es muy difícil. ¿Y tú?
   • ¿Yo? Sí, todos.

6. • Sí, lo hemos leído, pero no nos ha gustado nada.

EL ACENTO EN LA PALABRA

1. Escuche y escriba las palabras en el lugar correspondiente. (p. 95)

Difícil, está, vivís, once, almorzar, domingo, mujer, noche, carácter, inteligente, trabajan, Mónica, alrededor, Alicante, así, música, gafas, mejor, escribís.

SE RUEDA

5. Ahora escuche el diálogo entre Ramón y el empleado de RENFE y verifique las respuestas de la actividad número 4. (p. 97)

Ramón: Quería reservar dos billetes en el AVE a Sevilla para el lunes próximo por la tarde.
Empleado: Tenemos el 12500, que sale a las cuatro y llega a las seis y media.
Ramón: ¿Y no hay otro antes?
Empleado: Sí, hay uno que sale a las dos y llega a las cuatro y media.
Ramón: Entonces el 15987, ¿no?
Empleado: ¿Qué clase quiere, turista o preferente?
Ramón: Pues... preferente. Oiga, ¿el tren tiene cafetería?
Empleado: Sí, por supuesto. Y vídeo también. Bien... ¿Ida o ida y vuelta?
Ramón: Sólo ida.
Empleado: ¿Cómo va a pagar, en efectivo o con tarjeta?
Ramón: En efectivo.

EPISODIO 8

ENCUADRE GRAMATICAL

3. Ahora escuchen a Ernesto. ¿Cuántas actividades han acertado? (p. 104)

Alfonso: ¿Ernesto? ¡Hola, soy Alfonso!

¿Qué tal? Oye, ¿qué vas a hacer el sábado?
Ernesto: Esta semana he tenido muchísimo trabajo en la oficina. Así que me levantaré tarde y no haré nada, nada. Bueno, leeré el periódico. Y a mediodía comeré con mi madre.
Alfonso: ¿Y qué harás por la tarde? Yo he quedado con Isabel y Carlota a las siete para ir al cine, ¿quieres venir con nosotros?
Ernesto: ¡Estupendo! ¡Y por la noche podemos ir a bailar!
Alfonso: Pues fenomenal. ¿Y el domingo qué haces?
Ernesto: A mediodía comeré con Mariví en nuestro restaurante favorito.
Alfonso: ¿Y por qué no venís a casa el domingo por la noche? Es mi cumpleaños y he invitado a unos amigos... Comeremos, beberemos, bailaremos...
Ernesto: ¡Muy bien!
Alfonso: Bueno, pues hasta mañana.
Ernesto: A las siete en punto en el cine. Adiós.

4. Celia y Santi son novios. Este verano quieren irse juntos de vacaciones tres semanas. Escuche los planes de cada uno y marque una X en las casillas correspondientes. (p. 105)

Amiga: Celia, ¿qué vas a hacer este verano?
Celia: Pues me voy tres semanas con Santi.
Amiga: ¡Qué bien!, ¿no?
Celia: Sí... Primero iremos a la playa, una semanita. Luego, la segunda semana, visitaremos París. Saldremos todas las noches a bailar, comeremos en grandes restaurantes...
Amiga: Sí... la cocina francesa... ¡qué buena!
Celia: También visitaremos museos, sobre todo el museo del Louvre.
Amiga: ¡Qué suerte!
Celia: Y luego volveremos a Madrid, para estar solitos y tranquilos los dos.

Amigo: Santi, ¿qué vais a hacer Celia y tú estas vacaciones?
Santi: Pues iremos al campo, a la casita de mis padres, una semana. No me gusta mucho la montaña. Allí pasearemos por el campo, nadaremos en el río. Es que nos encanta nadar.
Amigo: Ah, ah. ¡Qué bien!
Santi: Sí. Y luego, Celia quiere visitar Francia. Primero iremos al sur, a Niza dos o tres días, y luego a París.
Amigo: ¿París? ¡Qué ciudad tan bonita!
Santi: Sí. Subiremos a la torre Eiffel y comeremos platos típicos franceses. Bueno, yo... prefiero la paella... pero la cocina francesa también es excelente.
Amigo: ¿Y por la noche?
Santi: Iremos al teatro.

10. Ahora escuche la conversación y tome nota de cómo reacciona cada uno. (p. 107)

Paloma: ¡Mira, un cuestionario sobre la vida en el año 2100!
Carlos: A ver.
Paloma: Mira, dice que la esperanza de vida será de 135 años. Es imposible.
Carlos: Pues yo creo que es posible.
Paloma: Podremos elegir el sexo de los bebés. Tal vez.
Carlos: Yo digo que no.

Paloma: ¿Crees que tendremos coches eléctricos?
Carlos: Pues yo creo que sí.
Paloma: No, yo creo que no. Y nos visitarán seres de otros planetas. Pues yo pienso que es posible.
Carlos: ¡Anda ya! Es imposible. Son tonterías. ¿Qué más?
Paloma: Comeremos alimentos artificiales. Lo dudo mucho.
Carlos: Yo estoy de acuerdo.
Paloma: Habrá bases en el fondo de los océanos.
Carlos: Es absolutamente imposible.
Paloma: Pues yo creo que sí.
Carlos: ¿Qué más?
Paloma: Dice que tendremos robots y ordenadores, que ya no trabajaremos. Pues yo pienso que es posible;
Carlos: ¡Por supuesto que sí!

SE RUEDA

2. Escuche el diálogo y compárelo con sus respuestas. (p. 108)

Empleado: Taximadrid, ¡buenos días!
Santiago: Sí... Soy el señor Santiago Merino. He llamado a las nueve para pedir un taxi. Han pasado veinte minutos y todavía no ha llegado.
Empleado: Un momento, por favor. Santiago Merino, en el Paseo de la Castellana, 36, ¿no?
Santiago: Sí... No puedo esperar más, tengo muchísima prisa. Tengo que estar en la estación de Atocha a las diez y son ya las nueve y veinte.
Empleado: No se preocupe, señor Merino, seguro que el taxi va a llegar pronto.
Santiago: Es que si no llega ahora mismo voy a perder el tren.
Empleado: Espere un momento, por favor, voy a llamar al taxi. ¿R14? ¿R14?
Taxista: R14, ¿dígame?
Empleado: Oye, Nacho, ¿dónde estás? Ha llamado el cliente del Paseo de la Castellana y...
Taxista: Pues ahí estoy, es que el tráfico está imposible hoy.
Empleado: Vale, aviso al cliente. Señor Merino, su taxi está llegando.
Santiago: Sí, sí, lo veo, gracias, adiós.

EL ALFABETO

El alfabeto español tiene 29 letras.

a	a	g	ge	m	eme	s	ese
b	be	h	hache	n	ene	t	te
c	ce	i	i	ñ	eñe	u	u
ch	che	j	jota	o	o	v	uve
d	de	k	ka	p	pe	w	uve doble
e	e	l	ele	q	cu	x	equis
f	efe	ll	elle	r	erre	y	i griega
						z	zeta

Los nombres de las letras son femeninos: *una a, una ele, una te.*

a, e, i, o, u   son vocales.
b, c, d, f...   son consonantes.

LA ACENTUACIÓN

Hay tres tipos de palabras, en función de la posición de la sílaba fuerte:
Palabras acentuadas en:

la última sílaba (agudas) Palabras terminadas en consonante excepto n/s.	la penúltima sílaba (llanas) Palabras terminadas en vocal, n o s.	la antepenúltima sílaba (esdrújulas) Todas llevan una tilde.
Madrid Portugal hablar Jerez reloj	nombre amiga cinco escuchan escribes	teléfono América bolígrafo simpático México

Todas las palabras que no siguen el esquema anterior llevan una tilde en la sílaba fuerte.
• sofá, Perú, aquí, escribís, Japón...   • lápiz, fácil, fútbol, López...

LOS ARTÍCULOS

EL ARTÍCULO INDETERMINADO

	Singular	Plural
Masculino	un profesor	unos profesores
Femenino	una profesora	unas profesoras

EL ARTÍCULO DETERMINADO

	Singular	Plural
Masculino	el profesor	los profesores
Femenino	la profesora	las profesoras

Contracciones
• a + el > al   *Voy al hotel.*   • de + el > del   *Vengo del hotel.*

Usos
• Para presentar a una persona: señor/-a + apellido.   *Mire, le presento a la señora Casado/al señor Ruiz.*
• Para decir la hora.   *Es la una y media.*   *Son las siete y cuarto.*
• Con los días de la semana.   En singular.   En plural, indica periodicidad.
El lunes voy a Madrid.   *Los miércoles voy al gimnasio.*
• No se usa con los nombres de países y ciudades cuando están sin modificadores.
Me gusta mucho España.
Este verano voy a visitar Perú.
La literatura de la España contemporánea.

EL GÉNERO Y EL NÚMERO

EL GÉNERO

Nombres

Son masculinos los nombres terminados en		Son femeninos los nombres terminados en		Son masculinos o femeninos los nombres terminados en	
-o	el domicilio	-a	la agenda	-ante	el/la estudiante
-or	el director	-ción	la habitación	-ista	el/la dentista
-aje	el equipaje	-dad	la nacionalidad		

Adjetivos

Masculinos	Femeninos	Ejemplos
-o	-o > -a	moreno / morena
-dor	+ -a	trabajador / trabajadora
otros	invariables	amable / amable, optimista / optimista, azul / azul

Los adjetivos de nacionalidad

Masculinos	Femeninos	Ejemplos
-o	-o > - a	peruano / peruana
-l	+ -a	español / española
-án	-ana	alemán / alemana
-és	-esa	francés / francesa
-a		belga / belga
-e	invariables	canadiense / canadiense
-í		marroquí / marroquí

EL NÚMERO

Formación del plural

Singular	Plural	Nombres	Adjetivos
vocal	+ -s	el ejercicio → los ejercicios	simpática → simpáticas
consonante	+ -es	el profesor → los profesores	trabajador → trabajadores
-z	-z > -ces	una vez → dos veces	feliz → felices
-s con el acento en la última sílaba	+ -es	un mes → dos meses el país → los países	cortés → corteses
Otros nombres en -s	invariables	el/los jueves	

LOS NÚMEROS

LOS NÚMEROS CARDINALES

De 0 a 29 se escriben en una palabra.

0	cero	10	diez	20	veinte
1	uno	11	once	21	veintiuno
2	dos	12	doce	22	veintidós
3	tres	13	trece	23	veintitrés
4	cuatro	14	catorce	24	veinticuatro
5	cinco	15	quince	25	veinticinco
6	seis	16	dieciséis	26	veintiséis
7	siete	17	diecisiete	27	veintisiete
8	ocho	18	dieciocho	28	veintiocho
9	nueve	19	diecinueve	29	veintinueve

uno → un delante de un nombre masculino.   *Treinta y un años.*
uno → una delante de un nombre femenino.   *Treinta y una personas.*

30	treinta
40	cuarenta
50	cincuenta
60	sesenta
70	setenta
80	ochenta
90	noventa

Entre las decenas y las unidades se usa y.

31	*treinta y uno*
48	*cuarenta y ocho*
64	*sesenta y cuatro*
82	*ochenta y dos*
99	*noventa y nueve*

100	cien
200	doscientos/as
300	trescientos/as
400	cuatrocientos/as
500	quinientos/as
600	seiscientos/as
700	setecientos/as
800	ochocientos/as
900	novecientos/as

Se usa ciento con unidades y decenas.

102	*ciento dos*
150	*ciento cincuenta*

Las centenas concuerdan en género con el nombre.

200 euros	*doscientos euros*
200 pesetas	*doscientas pesetas*

1.000	mil	
10.000	diez mil	Mil es invariable.
100.000	cien mil	
1.000.000	un millón	

LOS NÚMEROS ORDINALES

1.°, 1.ª	primero/a	**6.°, 6.ª**	sexto/a
2.°, 2.ª	segundo/a	**7.°, 7.ª**	séptimo/a
3.°, 3.ª	tercero/a	**8.°, 8.ª**	octavo/a
4.°, 4.ª	cuarto/a	**9.°, 9.ª**	noveno/a
5.°, 5.ª	quinto/a	**10.°, 10.ª**	décimo/a

primero	→	primer delante de un nombre masculino.	La habitación está en el primer piso.
tercero	→	tercer delante de un nombre masculino.	La habitación está en el tercer piso.

LOS POSESIVOS

FORMAS ÁTONAS

	Masculino		Femenino	
	Singular	Plural	Singular	Plural
(Yo)	mi hermano	mis hermanos	mi hermana	mis hermanas
(Tú/Vos)	tu hermano	tus hermanos	tu hermana	tus hermanas
(Él/Ella/Usted)	su hermano	sus hermanos	su hermana	sus hermanas
(Nosotros/as)	nuestro hermano	nuestros hermanos	nuestra hermana	nuestras hermanas
(Vosotros/as)	vuestro hermano	vuestros hermanos	vuestra hermana	vuestras hermanas
(Ellos/Ellas/Ustedes)	su hermano	sus hermanos	su hermana	sus hermanas

Se usan delante del nombre: *Mi empresa está en Barcelona.*

FORMAS TÓNICAS

	Masculino		Femenino	
	Singular	Plural	Singular	Plural
(Yo)	(el) mío	(los) míos	(la) mía	(las) mías
(Tú/Vos)	(el) tuyo	(los) tuyos	(la) tuya	(las) tuyas
(Él/Ella/Usted)	(el) suyo	(los) suyos	(la) suya	(las) suyas
(Nosotros/as)	(el) nuestro	(los) nuestros	(la) nuestra	(las) nuestras
(Vosotros/as)	(el) vuestro	(los) vuestros	(la) vuestra	(las) vuestras
(Ellos/Ellas/Ustedes)	(el) suyo	(los) suyos	(la) suya	(las) suyas

¿Es tuya esa cartera? *No, la mía es azul.*

LOS PRONOMBRES PERSONALES

LOS PRONOMBRES SUJETO

Yo	Nosotros/as
Tú/Vos	Vosotros/as = tú + tú (+ tú...)
Usted	Ustedes = usted + usted (+ usted + tú...)
Él/Ella	Ellos/as

En español el uso de estos pronombres sujeto no es obligatorio. Se emplean cuando queremos distinguir entre sujetos.

• *¿Cómo os llamáis?* ◆ *Yo Miguel.* ❥ *Y yo, Laura.*

En algunos países de Hispanoamérica se emplea el pronombre "vos" en lugar de "tú".

LOS PRONOMBRES REFLEXIVOS

(Yo)	me levanto	(Nosotros/as)	nos levantamos
(Tú/Vos)	te levantas/levantás	(Vosotros/as)	os levantáis
(Él/Ella/Usted)	se levanta	(Ellos/Ellas/Ustedes)	se levantan

Se usan con los verbos pronominales.

Posición

- Delante del verbo.   *Me levanto.*

- Cuando acompañan un verbo conjugado + infinitivo, pueden ir delante del verbo conjugado o detrás del infinitivo y formando una sola palabra.

  Me tengo que levantar. Tengo que levantarme.

- Con estar + gerundio pueden ir delante del verbo "estar" o después del gerundio, formando una sola palabra.

  Me estoy levantando. Estoy levantándome.

LOS PRONOMBRES COMPLEMENTO DIRECTO E INDIRECTO

Directo	lo, (le)*, la	los, (les)*, las	me, te
Indirecto	le	les	nos, os

* El pronombre le/les se emplea cada vez más como complemento directo de persona masculina.

Posición de los pronombres de complemento directo

- Delante del verbo.   *Escribo una carta.   La escribo.*

- Cuando acompañan un verbo conjugado + infinitivo, pueden ir delante del verbo conjugado o detrás del infinitivo y formando una sola palabra.

  Tengo que mandar un e-mail.   Lo tengo que mandar. / Tengo que mandarlo.
  Puedo hacer los ejercicios.   Los puedo hacer. / Puedo hacerlos.
  Quiero ver la película.   La quiero ver. / Quiero verla.
  Voy a escribir las cartas.   Las voy a escribir. / Voy a escribirlas.

- Con estar + gerundio pueden ir delante del verbo "estar" o después del gerundio, formando una sola palabra.

  Estoy escribiendo un informe.   Lo estoy escribiendo. / Estoy escribiéndolo.

Posición de los pronombres de complemento indirecto

- Delante del verbo.   *Te presento a Juan.*

- Cuando acompañan un verbo conjugado + infinitivo, pueden ir delante del verbo conjugado o detrás del infinitivo y formando una sola palabra.   *Te quiero presentar a Carmen.   Quiero presentarte a Carmen.*

LA CONJUGACIÓN

EL PRESENTE DE INDICATIVO

Verbos regulares

	hablar	comprender	escribir
(Yo)	hablo	comprendo	escribo
(Tú/Vos)	hablas/hablás	comprendes/comprendés	escribes/escribís
(Él/Ella/Usted)	habla	comprende	escribe
(Nosotros/as)	hablamos	comprendemos	escribimos
(Vosotros/as)	habláis	comprendéis	escribís
(Ellos/Ellas/Ustedes)	hablan	comprenden	escriben

Verbos irregulares

	Verbos con diptongación		Verbos con cambio vocálico
	poder (1)	cerrar (2)	pedir (3)
(Yo)	puedo	cierro	pido
(Tú/Vos)	puedes/podés	cierras/cerrás	pides/pedís
(Él/Ella/Usted)	puede	cierra	pide
(Nosotros/as)	podemos	cerramos	pedimos
(Vosotros/as)	podéis	cerráis	pedís
(Ellos/Ellas/Ustedes)	pueden	cierran	piden

Presentan la misma irregularidad:

(1)   *contar, volver, dormir, jugar.*
(2)   *pensar, empezar, entender, querer, preferir, sentir, divertirse.*
(3)   *repetir, elegir (elijo, eliges...), seguir (sigo, sigues...), vestirse.*

GRAMÁTICA

Otros verbos irregulares

conducir	conocer	dar	decir	estar	hacer	ir
conduzco	conozco	doy	digo	estoy	hago	voy
conduces	conoces	das	dices	estás	haces	vas
conduce	conoce	da	dice	está	hace	va
conducimos	conocemos	damos	decimos	estamos	hacemos	vamos
conducís	conocéis	dais	decís	estáis	hacéis	vais
conducen	conocen	dan	dicen	están	hacen	van

poner	tener	saber	salir	ser	venir	ver
pongo	tengo	sé	salgo	soy	vengo	veo
pones	tienes	sabes	sales	eres	vienes	ves
pone	tiene	sabe	sale	es	viene	ve
ponemos	tenemos	sabemos	salimos	somos	venimos	vemos
ponéis	tenéis	sabéis	salís	sois	venís	veis
ponen	tienen	saben	salen	son	vienen	ven

Usos

• Para presentarse.	*Me llamo Javier Tostado.* *Soy director de una agencia de publicidad.*
• Para expresar actividades habituales.	*Todos los días empiezo el trabajo a las nueve.*
• Para dar instrucciones o indicaciones.	*Coges la línea 2 y haces transbordo en Sol.*
• Para pedir cosas.	*¿Me trae más pan, por favor?*
• Para hablar del futuro (con marcadores temporales).	*Mañana como en casa de mi madre.*

EL PRETÉRITO PERFECTO

	Haber (en presente)		Participio pasado
(Yo)	he		
(Tú/Vos)	has/habés		hablar → hablado
(Él/Ella/Usted)	ha	**+**	comer → comido
(Nosotros/as)	hemos		salir → salido
(Vosotros/as)	habéis		
(Ellos/Ellas/Ustedes)	han		

Participios irregulares

abrir	abierto	escribir	escrito	poner	puesto	ver	visto
decir	dicho	hacer	hecho	romper	roto	volver	vuelto

Usos

El pretérito perfecto se usa para hablar de acontecimientos pasados con relación al presente.
Por eso aparece muchas veces introducido por:

• hoy	*Hoy he llegado tarde al trabajo.*
• esta mañana, esta tarde, esta semana...	*Esta tarde hemos hablado con el director.*
• este mes, este año, este verano...	*Este mes hemos ido a Estados Unidos.*
• nunca, todavía no	*Javier Tostado todavía no ha llegado al hotel.*

EL FUTURO

Verbos regulares

	Infinitivo	
(Yo)		-é
(Tú/Vos)	hablar	-ás
(Él/Ella/Usted)	comer	-á
(Nosotros/as)	escribir	-emos
(Vosotros/as)		-éis
(Ellos/Ellas/Ustedes)		-án

Verbos irregulares

decir	dir	
haber	habr	
hacer	har	-é
poder	podr	-ás
poner	pondr	-á
querer	querr	-emos
saber	sabr	-éis
salir	saldr	-án
tener	tendr	
venir	vendr	

Usos

- Se usa para hablar de acontecimientos futuros.

Mañana llamaremos a los clientes de Salamanca.
El año que viene tendremos un nuevo producto.

PERÍFRASIS VERBALES

ESTAR + GERUNDIO

	Estar (en presente)	Gerundio		Gerundios irregulares			
(Yo)	estoy			pedir	pidiendo	dormir	durmiendo
(Tú/Vos)	estás	hablar → hablando		servir	sirviendo	oír	oyendo
(Él/Ella/Usted)	está	+ comer → comiendo		vestir	vistiendo	leer	leyendo
(Nosotros/as)	estamos	salir → saliendo		decir	diciendo	ir	yendo
(Vosotros/as)	estáis			seguir	siguiendo		
(Ellos/Ellas/Ustedes)	están						

Usos Se usa para hablar de acciones que se realizan en el momento en que hablamos.
Fermín está trabajando en su despacho.

IR A + INFINITIVO

- Expresa planes y proyectos.

Este verano voy a ir a Brasil.

QUERER + INFINITO

- Expresa voluntad y planes.

Esta noche quiero ir al cine.

- Se emplea para proponer actividades a otras personas.

¿Quieres venir esta noche a cenar a mi casa?

TENER QUE + INFINITIVO

- Expresa obligación.

No puedo quedarme, tengo que ir al aeropuerto.

- Sirve para dar instrucciones.

Tiene que coger la línea 1 y bajar en Atocha.

LA FRASE NEGATIVA

No + verbo.

No trabajáis en Barcelona.
El domingo no iremos a Santander.

LOS INTERROGATIVOS

- ¿Cómo se llama?
- ¿Dónde trabajas?
- ¿Cuándo vas a ir a Barcelona?
- ¿A qué te dedicas?

- ¿Qué hora es?
- ¿Qué estás haciendo?
- ¿Por qué estudias español?
- ¿Quién es?

- ¿Cuál es tu nacionalidad?
- ¿Cuáles son tus deportes favoritos?
- ¿Cuánto cuesta?
- ¿Cuántos años tienes?
- ¿Cuántas cartas has escrito?

OPOSICIÓN HAY/ESTÁ(N)

- El/La/Los/Las + nombre + está/n + localización.

El libro está sobre la mesa.
Las cartas están al lado del ordenador.

- Hay un/dos/tres... muchos + nombre (+ localización).

Hay una lámpara en el despacho.
Hay dos mensajes debajo del teléfono.
Hay muchos restaurantes en Madrid.

Hay + nombre en plural (+ localización).

Hay mensajes en el contestador.

VERBOS GUSTAR, ENCANTAR

(A mí)	me	• gusta/encanta + nombre singular
(A ti/vos)	te	*Me gusta la paella.*
(A él/ella/usted)	le	• gusta/encanta + infinitivo
(A nosotros/as)	nos	*Te gusta viajar.*
(A vosotros/as)	os	• gustan/encantan + plural
(A ellos/ellas/ustedes)	les	*Nos gustan los animales.*

EXPRESAR ACUERDO Y DESACUERDO

Acuerdo	*Me gusta la paella.*	*A mí también.*	*No me gusta leer.*	*A mí tampoco.*
Desacuerdo	*Me gusta cocinar.*	*A mí no.*	*No me gusta el mar.*	*A mí sí.*

GLOSARIO
(en español y en tu idioma)

EPISODIO 0

el/la abogado/a
la agencia
el apellido
la avenida
el bar
la calle
el/la camarero/a
el cargo
la ciudad
el/la compañero/a
deletrear
la dirección
el/la director/-a
el domicilio
la edad
el/la editor/-a
la empresa
el/la enfermero/a
escribir
escuchar
español/-a
el estado civil
hacer
el hospital
el/la informático/a
el instituto
leer
llamarse
la nacionalidad
el nombre
el número
el país
el paseo
pero
el piso
la plaza
la profesión
el/la profesor/-a
pronunciar
la publicidad
la puerta
repetir
el/la secretario/a
ser
soltero/a
la tarjeta
el teléfono
tener
trabajar
el/la traductor/-a
la universidad
el viaje
vivir

¿A qué se dedica?
Adiós.
Aquí tiene.
Buenos días.
Buenas noches.
Buenas tardes.
Gracias.
Hola.
Por favor.

EPISODIO 1

el aeropuerto
la agenda
el aire acondicionado
la almohada
el armario
el banco
la bañera
el baño
el carné
céntrico/a
el cheque
el cine
la colcha
comer
comprender
la cortina
el/la director/-a de ventas
doble
la documentación
dormir
la ducha
enseguida
enseñar
entender
enviar
el equipaje
el error
el espejo
estudiar
exterior
el gimnasio
la habitación
el hombre/la mujer de negocios
el hotel
individual
junio
libre
la llave
llegar
la manta
mañana
(no) fumador
la noche
el pasaporte
el/la periodista
la piscina
poder
preferir
querer
la recepción
el/la recepcionista
la reserva
reservar
el restaurante
la reunión
la sábana
la silla
subir
la tarjeta de crédito
el teatro
la televisión
la toalla
tranquilo/a

primer plano

GLOSARIO

GLOSARIO

el turismo _____
venir _____
la ventana _____
volver _____

A ver... _____
¡Cómo no! _____
¡Feliz estancia! _____
¿Me permite el DNI? _____
De nada. _____
Perdone. _____
Lo siento. _____
¡Perdón! _____
Efectivamente. _____

EPISODIO 2

a la derecha (de) _____
a la izquierda (de) _____
abril _____
al lado (de) _____
alrededor (de) _____
el/la asistente _____
el autobús _____
el bolígrafo _____
la cabina _____
el café _____
el cajón _____
la carpeta _____
el clasificador _____
el/la cliente/a _____
colgar _____
debajo (de) _____
delante (de) _____
dentro (de)/en _____
descolgar _____
el despacho _____
después _____
detrás (de) _____
el/la director/-a de personal _____
el/la director/-a de producción _____
el disquete _____
dormir _____
en / sobre / encima (de) _____
entre _____
enviar _____
esperar _____
la estantería _____
la foto(grafía) _____
la fotocopia _____
importante _____
interrumpir _____
la lámpara _____
llamar _____
el maletín _____
marcar _____
el mensaje _____
la mesa _____
el minuto _____
mirar _____
el objeto _____

el ordenador _____
la persona _____
poder _____
preferir _____
el reloj _____
el/la socio/a _____
el taxi _____
el teclado _____
el/la telefonista _____
tomar _____
traer _____
volver a _____

¿De parte de quién? _____
¿Me pone con...? _____
Ahora le paso. _____
De acuerdo. _____
Dejar un recado _____
En este momento _____
Está ocupado/a. _____
Está reunido/a. _____
Lo siento. _____
Más tarde. _____
No importa. _____
No se retire. _____
Por supuesto. _____

EPISODIO 3

acostarse _____
agosto _____
el/la amigo/a _____
antes de _____
el avión _____
beber _____
el café con leche _____
cenar _____
la cita _____
el coche _____
la comida _____
comprar _____
la conferencia _____
confirmar _____
contestar _____
deprisa _____
desayunar _____
descansar _____
despedirse _____
después de _____
el día _____
el día festivo _____
diciembre _____
directamente _____
domingo _____
empezar _____
enero _____
entonces _____
la escuela _____
esta tarde _____

el estudio
la exposición
fantástico/a
febrero
el fin de semana
los hijos
la hora
el horario
el horario intensivo
hoy
ir
jueves
jugar
julio
junio
levantarse
el libro
llegar
el local
luego
lunes
el marido / la mujer
martes
marzo
mayo
a mediodía
menos
miércoles
el museo
la música
el/la niño/a
noviembre
nuevo/a
octubre
la oficina
la película
pensar
un poco
por la mañana
por la noche
por la tarde
proponer
próximo/a
quedar
recibir
rechazar
sábado
seguir
la semana
septiembre
la sucursal
tardar
tarde
el tenis
venir
ver
vestirse
la vida
viernes
la visita
visitar
volver

¿Cómo quedamos?
¿Te va bien...?
¿Tiene hora?
Comemos juntos.
Concertar una cita
En casa.
Es un poco pronto.
Hacer deporte
Hasta el viernes.
Hasta luego.
Hasta mañana.
Mejor a las cinco.
Muy bien.
Perfecto.
Todo el día.
Un abrazo.
Un momento.
Vale.
Ver la tele

EPISODIO 4

a menudo
a veces
amarillo/a
andando / a pie
el andén
el asiento
el autobús
azul
bailar
bajar
la bicicleta
el billete de metro
cambiar
casi nunca
casi siempre
el coche
cocinar
coger
el colegio
un cuarto de hora
el cumpleaños
el/la dentista
deprisa
descender
la dirección
la discoteca
la encuesta
la estación
el examen
explicar
la facultad
la fiesta
gris
hasta
imposible
indicar
el informe

EPISODIO 5

invitar	
el itinerario	
lejos	
la línea de metro	
lunes	
marrón	
el medio de transporte	
mensual	
el metro	
morado/a	
la moto	
la mujer	
naranja	
normalmente	
nunca	
los padres	
la parada	
el partido de fútbol	
el plano	
preparar	
recibir	
la red de metro	
el regalo	
el/la representante	
reunirse	
rojo/a	
sencillo/a	
siempre	
el supermercado	
las taquillas	
tardar	
tener que	
tomar	
el tren	
el vagón	
verde	
la vía	
viajar	
el/la vigilante	

abierto/a	
abrir	
alto/a	
amable	
antiguo/a	
las aptitudes	
atento/a	
bajo/a	
la barba	
el bigote	
bilingüe	
el carácter	
la cartera	
el coche de empresa	
comunicativo/a	
conocer	
los conocimientos	
la constitución	
el/la contable	
corto/a	
delgado/a	
dinámico/a	
el/la director/-a comercial	
el/la director/-a financiero/a	
el/la director/-a general	
el/la director/-a de marketing	
el/la director/-a de producción	
discreto/a	
el/la empleado/a	
enérgico/a	
la estatura	
exigente	
la experiencia	
las gafas	
gordo/a	
grande	
el/la hermano/a	
la inauguración	
independiente	
la iniciativa	
inteligente	
interesante	
intuitivo/a	
largo/a	
moreno/a	
muy	
negociar	
el/la novio/a	
la oferta de empleo	
optimista	
ordenado/a	
orgulloso/a	
el pelo	
pequeño/a	
el/la presidente/a	
el procesador de textos	
publicar	
el/la recepcionista	
reciente	
las relaciones públicas	
responsable	
rubio/a	

¡Qué suerte!	
¿Cuántas veces...?	
Una vez a la / por semana.	
Dar un paseo	
Eso es.	
Fregar los platos	
Hacer transbordo	
Ir de copas	
Limpiar la casa	
Media hora.	
No tengo tiempo.	
Poner excusas	
Practicar deporte	
Todos los días.	
Una vez al día.	
Yo sí. / Yo no.	
Yo también. / Yo tampoco.	

GLOSARIO

la sede
seleccionar
serio/a
siempre
simpático/a
sociable
el taller
trabajador/-a

¡Cuánto tiempo sin verte!
¡Encantado/a!
¿De quién son las llaves?
¿Qué es de tu vida?
Dar un abrazo
Dar un beso
Estar contento-a/triste
Estar de buen/mal humor
Estrechar la mano
Excelente presencia
Igualmente.
Llevar gafas
Me alegro de conocerlo.
Mucho gusto.

EPISODIO 6

el agua (nombre femenino)
el arroz con leche
atender
la botella
los callos
el calor
la carta
la cebolla
celebrar
la cerveza
la chuleta de cordero
el coche deportivo
la copa
la crema
la cuchara
la cucharita
el cuchillo
la especialidad de la casa
de café
de fresa
de limón
de nata
de vainilla
el desorden
ducharse
elegir
el filete de ternera
el fin de semana
el flan
freír
el frío
la fruta
fumar

la gaseosa
el/la gato/a
los gustos
el helado
el huevo
el huevo frito
el jamón
la jarra de agua
el lomo
el mantel
el mejillón
la merluza
el móvil
el pan
la pareja
el pastel
las patatas
pedir
el pescado
la pimienta
el plato
la política
el pollo
poner
el primer plato
probar
la propina
el puerro
la ración
el rape
relajar
romper
la ropa
la sal
el segundo plato
la servilleta
el silencio
la sopa
el tenedor
todavía no
el tomate
la tortilla
traer
último/a
el vaso
el videojuego
el vinagre
el yoga
la zanahoria

¿Qué lleva el consomé?
De primero/segundo/postre
Está muy rico/a.
Estar enfermo/a
Hacer amigos
Ir de compras
Ir de tiendas
La cuenta, por favor.
Me encanta.
Me gusta.

primer plano

GLOSARIO

A mí también.
A mí tampoco.
A mí sí.
A mí no.
Muy hecho/a.
Navegar por Internet
No hay.
No me gusta nada.
Ver escaparates
¿Verdad?
Ya no queda.

EPISODIO 7

el abono mensual
allí
aquí
ayudar
el asiento
bañarse
el billete de ida y vuelta
el billete de tren/avión
la cafetería
cariñoso/a
el carrito
el casco antiguo
la catedral
cerrar
en clase preferente
en clase turista
el desayuno
el destino
el diccionario
enfadarse
firmar
la forma de pago
lavar
la llegada
madrugar
el mostrador
necesitar
la paciencia
el panel informativo
pasear
el pasillo
el precio
recorrer
el/la revisor/-a
la ruta
la salida
salir (el tren)
la sesión
el tipo de asiento
la torre
la ventanilla

Hacer la reserva
Pagar con tarjeta
Pagar en efectivo
Sacar un billete de tren

EPISODIO 8

el alimento
artificial
el atasco
avisar
bonito/a
el campo
la casita
la cocina
cuanto antes
el cuestionario
la deforestación
eléctrico/a
encontrar
la enfermedad
la esperanza de vida
el/la extranjero/a
el/la extraterrestre
la guerra
la huelga
inmediatamente
el instituto
la maleta
el maletero
mandar
la medicina
la montaña
nadar
la parada de taxi
el paro
el periódico
pesimista
el planeta
la playa
la pobreza
la predicción
preocupar
quedarse
el río
el robot
el sur
el taxímetro
el/la taxista
el tráfico
urgentemente
el verano
el viaje organizado
la violencia

¡Anda ya!
En vías de extinción
Es urgente.
Hacer excursiones
Hacer turismo
Lo antes posible.
Lo dudo mucho.
No se preocupe.
Perder el tren
¿Qué más?
Sacar fotos
La semana que viene.
Tengo prisa.